참 쉬운 영어책 시리즈

10개 문장으로 끝내는 영어어순 원리

<세상에서 가장 쉬운 영어책> 개정판

14만 유튜버
지니쌤 지음

지니의 영어방송국

〈10개 문장으로 끝내는 영어어순 원리〉 지니쌤 동영상 강의
지니의 영어방송국 www.joyclass.co.kr

휴대폰 암기카드앱 다운로드
구글 스토어 또는 애플 앱스토어에서 '지니의 영어방송국'으로 검색

지니쌤 유튜브 강의
유튜브에서 '지니의 영어방송국'으로 검색

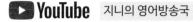

안녕하세요? 지니쌤입니다.

〈지니의 영어방송국〉을 통해서 많은 분들을 만날 수 있었던 지난 3년이었습니다.
그분들의 소리에 귀 기울여가며 영어 프로그램을 만들고, 강의도 했습니다.

원래는 강의 교재에 대한 요청에 밀려 소량만 찍어 필요하신 분들에게
도움을 드리자 했던 것이, 뜻밖의 호응과 응원에 힘입어 개정판까지 출시하게
되었습니다. 얼떨떨하면서도 수강생 여러분과 독자님들의 과분한 관심과 애정에
감사한 마음뿐입니다.

이 교재는 제 카페와 YouTube에서 〈10개 문장으로 끝내는 영어어순원리〉라는
제목으로 강의했던 내용을 정리한 것입니다.

스토리가 있는 10개의 기본 문장과 변형 문장 190개 등 총 200개의 문장으로
'영어 문장을 만드는 원리'를 학습하실 수 있도록 구성했습니다.
YouTube에서 총 200만뷰 가까운 영상 조회 수를 기록할 만큼 많은 분들의
관심으로 내용이 검증된 콘텐츠입니다.

영어를 오랫동안 손에서 놓으셨던 분들이라도
단어나 문법에 대한 부담 없이 쉽게 공부할 수 있습니다.

물론 이 한 권의 책만으로 영어를 잘할 수 있게 된다고 말하진 않겠습니다.
하지만 이 책을 통해, 영어에 흥미를 잃었던 분들이
조금이나마 다시 영어에 재미를 느끼게 된다면
그것만으로도 충분히 의미가 있다고 생각합니다.

이 책이 나오기까지 많은 도움을 주신 장혜정 님, 이윤정 님, 박응식 님께
감사의 마음을 전합니다.

지니쌤

CONSTRUCTION

〈10개 문장으로 끝내는 영어어순 원리〉 교재에 대한 지니쌤 동영상 강의와 표현 복습을
위한 휴대폰 암기카드 앱을 활용해 보세요.

**지니쌤
동영상 강의**

지니의 영어방송국 사이트 www.joyclass.co.kr에서 〈10개 문장으로
끝내는 영어어순 원리〉의 지니쌤 동영상 강의를 보실 수 있습니다.

**휴대폰
암기카드 앱**

휴대폰의 구글 스토어 또는 애플 앱스토어에서 '지니의 영어방송국'으로
검색해서 암기카드 앱을 설치하세요. 교재에서 다룬 모든 표현을 앱을 통
해 간편하게 암기하실 수 있습니다.

교재 〈10개 문장으로 끝내는 영어어순 원리〉는 크게 3단계로 구성되어 있습니다.

01 기본문장 이해하기

스토리가 있는 기본문장 10개의 어순원리를 학습합니다.

02 변형문장 만들기

기본문장 10개를 토대로 자주 쓰이는 의문문, 부정문, 시제, to부정사, 동명사 등 중요한 190개 변형문장의 어순원리를 학습합니다.

03 전체문장 암기하기

기본문장 10개와 변형문장 190개, 총 200개 문장의 암기를 통해 영어 어순원리를 완전히 내 것으로 만드는 연습을 합니다.

CONTENTS

CONTENTS

지니쌤의 영어생각

10개의
기본 문장 익히기

영어가 어려운 이유는 무엇일까요?

아마도 가장 큰 이유는 우리말과 영어가 어순이 다르기 때문일 거예요.

우리말 어순은 레고 놀이와 비슷합니다.
서로 다른 블록들을 순서와 상관없이 연결해 붙이면 문장이 되죠.

반면 영어는 어순이 고정되어 있습니다.
마치 기차와 같죠.
기차는 1호차부터 순서대로 연결이 되고 기관실은 항상 맨 앞에 있습니다.

영어도 기차와 같이 중요한 내용이 문장의 앞에 옵니다.
대부분의 영어 문장이 [주어 + 동사]로 시작하는 이유이죠.
그리고 동사 뒤로는 동사와 내용적으로 가까운 정보의 순서대로 나열하면 됩니다.

1단계 학습에서는 10개의 기본 문장을 통해 영어의 어순원리를 알아보겠습니다.

이번 단계에서 배울
기본 문장 10개를 소개합니다.

01. I am Genie.
    저는 지니예요.

02. I am 21.
    저는 21살이에요.

03. I am happy.
    저는 행복해요.

04. I live in LA.
    저는 LA에 살아요.

05. I go to college.
    저는 대학에 다녀요.

06. I study history there.
    저는 거기에서 역사를 공부해요.

07. I see my girlfriend once a week.
    저는 일주일에 한 번 여자친구를 만나요.

08. I teach her Korean at a cafe on weekends.
    저는 주말마다 카페에서 그녀에게 한국어를 가르쳐요.

09. I cook Korean food for her.
    저는 그녀를 위해 한국 음식을 요리해요.

10. I make her laugh a lot.
    저는 그녀를 많이 웃게 만들어요.

01

I am Genie.
저는 지니예요.

영어 문장은 기본적으로 [주어(I) + 동사(am)]로 시작합니다.

우리말은 영어와 달리 동사(~예요)가 문장의 끝에 오죠. 그래서 **영어 어순에 익숙해지기 위한 첫 작업은 주어 바로 다음에 동사를 두는 것에서 출발해야 합니다.**

영어는 주어 바로 다음에 동사가 오기 때문에 동사를 행하는 주어가 우리말처럼 생략되지 않습니다.

주어 I 바로 뒤에 동사 am이 왔고, 그 다음에 주어의 신분을 설명하는 말 Genie가 옵니다.

우리말 … (저는) 지니예요.
　　　[주어 '저는'은 생략할 수 있고, 동사 '~예요'는 문장 끝에 온다.]

영어 … I am Genie.

[주어 I는 생략할 수 없고, 주어 뒤에 바로 동사 am이 온다.]

문장 뜯어 보기

I

'나는'의 뜻이죠. '나'가 아니라 '나는'입니다. 우리말 '나'와 조사 '(~)은/는'은 두 단어가 결합하여 쓰이지만, 영어는 I가 '나는'이란 뜻입니다. 따라서 **I는 문장에서 항상 주어로만 쓰여요.**

그리고 I란 녀석은 오만합니다. 영어는 문장의 첫 단어만 대문자로 시작하는데, I는 문장 어디에 있어도 소문자로는 쓰지 않습니다. 그만큼 I, '나'란 존재가 중요하다고 생각하기 때문이겠죠?

am

am은 be동사라고 합니다. be동사는 '~이다'라는 뜻입니다. be동사의 기본적인 의미를 그림으로 나타내면 '=(등호)'와 비슷해요.
I am Genie.라는 문장을 예로 들면, [I = Genie]인 것이죠. 즉, 나와 Genie는 동일인이며 Genie는 주어 I를 설명하는 말입니다.

be동사는 주어에 따라 형태가 달라져요. **be동사의 변화형으로는 am / are / is가 있으며 주어 I 다음에는 반드시 am을 써야 합니다.**

Genie

Genie는 '이름'입니다.
사람이나 사물 등을 가리키는 말을 '명사'라고 하는데요, 그 중에서도 **세상**

에 하나 밖에 없는 고유한 대상의 이름을 '고유명사'라고 합니다.

사람이나 도시, 건물 등의 이름이 여기에 해당되고, 보통 대문자로 시작합니다.

사람의 이름	genie [X]	Genie 지니
나라의 이름	korea [X]	Korea 한국
상표의 이름	samsung [X]	Samsung 삼성
기념일의 이름	christmas [X]	Christmas 크리스마스

02

I am 21.
저는 21살이에요.

두 번째 기본 문장은 첫 번째 문장과 구조가 비슷하죠?

I	→	am	→	21.
저는	→	~예요	→	21살

주어 I 바로 뒤에 be동사 am이 왔고, 그 다음에 나이를 나타내는 숫자 21이 왔습니다.

그런데 '저는 21살이에요.'라는 우리말 표현은 영어로는 두 가지로 나타낼 수 있어요.

I am 21.
I am 21 years old.

두 표현이 모두 맞지만, 보통 말을 할 때는 I am 21.을 더 자주 씁니다.
아무래도 구어체는 짧고 쉬운 표현을 선호하기 때문이에요.

주의할 점 한 가지.

우리말 '제 나이는 21살입니다.'를 그대로 영어로 옮겨 My age is 21.[X]이라고 하면 안 됩니다. 이것은 올바른 영어 표현이 아니에요.

03

I am happy.
저는 행복해요.

3번째 기본 문장은 1 · 2번 기본 문장과는 구조가 조금 다르죠.
주어 I 뒤에 be동사 am이 쓰인 것까지는 같지만 그 뒤에 온 happy란 녀석의
형태와 역할이 다릅니다.

| I | → | am | → | happy. |
| 저는 | → | ~한 상태예요 | → | 행복한 |

앞서 1번 문장에서는 **주어 I와 신분을 설명하는 말 Genie가 서로 '등호(=)'
관계**였습니다.

I am Genie. [I = Genie, 나 = 지니]

한편, '행복한'이란 뜻의 happy는 I와 '등호(=)' 관계는 아닙니다.
**happy는 주어 I의 상태를 설명하기 때문에 굳이 표시하자면 '등호(=)'보다
는 '꾸밈(≒)'의 관계에 가깝죠.**

I am happy. (I ≒ happy, 나 ≒ 행복한)

happy는 '형용사'라고 하는데, 형용사는 주로 명사를 설명하거나 꾸며주는 역할을 합니다.

대표적인 형용사 몇 개를 살펴볼까요?

I am tired. [tired 피곤한] 저는 피곤해요.
I am sad. [sad 슬픈] 저는 슬퍼요.
I am hungry. [hungry 배고픈] 저는 배고파요.
I am okay. [okay 괜찮은] 저는 괜찮아요.

정리합니다.

be동사 다음에 명사가 오면 … A = B [A는 B이다]
be동사 다음에 형용사가 오면 … A ≒ B [A는 B한 상태이다]

문장 뜯어 보기 🔎

happy

가장 유명한 형용사 중 하나, 바로 happy입니다.
뜻은 잘 아시죠? '행복한'입니다.
중요한 건 형용사 happy는 '행복하다'가 아니라 '행복한'이란 거예요.

그럼 '행복하다'는요? 반드시 앞에 be동사를 써줘야 합니다.
happy는 '행복한'이고 be happy는 '행복하다'입니다.
초보 분들이 진짜 자주 틀리는 것 중 하나예요.

I *happy.* [X] / I am happy. [O]

I happy.는 올바른 영어 문장이 아니에요. 왜냐고요?
영어 문장에는 반드시 동사가 포함되어야 하는데 이 문장에는 동사가 없기
때문에 문장이 될 수 없습니다.
꼭 I am happy.로 쓰셔야 한다는 것, 잊지 마세요.

tired	I tired.[X] 저는 피곤한.	I am tired. 저는 피곤해요.
sad	I sad.[X] 저는 슬픈.	I am sad. 저는 슬퍼요.
hungry	I hungry.[X] 저는 배고픈.	I am hungry. 저는 배고파요.
okay	I okay.[X] 저는 괜찮은.	I am okay. 저는 괜찮아요.

04

I live in LA.
저는 LA에 살아요.

4번째 문장에서 드디어 be동사를 벗어났네요.
영어 동사는 보통 be동사와 일반 동사로 구분합니다.

이제 일반 동사의 쓰임을 알아볼게요.
앞선 문장들과 마찬가지로 [주어(I) + 동사(live)]의 어순 구조는 변함이 없습니다.

| I | → | live | → | in LA. |
| 저는 | → | 살아요 | → | LA에 |

영어 문장은 [주어 + 동사]로 시작해서 동사 뒤에 동사에 필요한 정보가 순서대로 나열됩니다.

예를 들어 live(살다)란 동사가 필요로 하는 정보는 뭘까요?
다양한 정보가 필요할 수 있어요.
예를 들어, '왜 사는지', '어떻게 사는지', '누구랑 사는지' 등등.

만약 '어디에 사는지' 장소 정보를 제시하려면 동사 live 뒤에 '어디에'에 해당하는 장소 표현을 써주면 되는 겁니다.

in LA가 바로 그 예겠죠.

여기서 주의할 점 하나!

I live LA.[X]는 안 될까요? 네, 안 됩니다.

우리말도 '나는 LA에 살아.'라고 하지 '나는 LA를 살아.'라고 하지 않잖아요. 우리말 '~에'처럼 영어로 장소 정보를 제시할 때는 in이 필요합니다.

문장 뜯어 보기

live

'살다'란 뜻의 '동사'입니다.

동사가 뭘까요? 동사는 주어 뒤에 쓴다고 했죠? 영어의 동사란 문장에서 서술어의 역할을 합니다.

그런데 동사가 꼭 '동작'을 나타내진 않아요.

live만 해도 '동작'의 의미는 아니죠. '사는' 데 무슨 동작이 필요한 건 아니니까요. 동사 live는 '상태'를 나타내는 말에 가깝습니다.

동사는 주어 뒤에 쓰여서 '주어의 동작이나 상태를 나타내는 말'입니다.

동사가 중요한 이유는 영어 문장에는 반드시 동사가 필요하기 때문이에요.

문장에서 이런 동사를 알아보는 가장 확실한 방법은 '위치'입니다.

우리말에서 동사를 찾아볼까요?

나 서울 <u>산다</u>.
나 서울 <u>살아</u>.
나 서울 <u>산다고</u>.
나 서울 <u>살잖아</u>.

우리말에서는 문장 끝에 쓰인 '산다, 살아, 산다고, 살잖아'가 모두 동사입니다. 그리고 어미의 형태도 무척 다양하죠.
영어는 주어 바로 다음에 동사가 나오고 우리말에 비해 변화형이 다양하지 않습니다.

I <u>live</u> in Seoul.

in
'~(안)에'란 뜻을 갖는 단어입니다.
어려운 문법 용어로는 '전치사'라고 하죠. 말 그대로 '앞(前)에 위치(置)'합니다.
그럼 어떤 것의 앞에 위치한다는 말일까요? 바로 '명사'입니다.

명사는 '사람이나 사물의 명칭'에 해당하는 품사입니다. 사람, 강아지, 책상, 냉장고, 물 등처럼 눈에 구체적으로 보이는 것들이나 자유, 사랑, 우정 등처럼 추상적인 개념을 나타내는 단어들입니다.

전치사는 이런 명사 앞에 쓰여서 명사에 정보를 더해 주는 역할을 해요.
한편, 우리말에서 전치사와 비슷한 역할을 하는 조사는 명사 뒤에 쓰이죠.

<u>in</u> LA LA에
<u>in</u> New York 뉴욕에

<u>in</u> the room 방 <u>안에</u>

LA
여러분이 잘 아는 그 도시, LA입니다.
LA는 Los Angeles의 줄임말이에요. '천사들의 도시'란 뜻입니다.

LA는 고유한 도시의 이름을 나타내는 '고유명사'입니다.

05

I go to college.
저는 대학에 다녀요.

5번째 문장은 4번째 문장과 구조가 비슷합니다.

I	→	go	→	to college.
저는	→	가요	→	(어디에?) 대학에

주어와 동사 뒤에 동사가 필요로 하는 장소 정보가 제시되었죠.
위 문장에서 대학에 가는 것은 정기적인 행위이므로, 즉 '(대학에) 정기적으로 간다'는 의미이므로 우리말로는 '(대학에) 다니다'로 해석하는 것이 자연스럽습니다.

문장 뜯어 보기

go
'가다'란 뜻의 동사입니다.

동사 go 다음에 가장 자주 나오는 정보는 '장소' 정보입니다.

우리말에서도 '나는 간다'라고 하면, 당장 묻게 되는 것이 '어디에?'이잖아요.

go to the park 공원에 가다
go to the store 상점에 가다
go to the library 도서관에 가다
go to New York 뉴욕에 가다

to
'~(으)로'의 뜻을 갖는 전치사입니다.
in과 같은 역할을 하는 녀석이죠. 전치사에 대해서는 앞서 in을 통해 설명드렸습니다. 기억나시죠?

to의 기본 개념은 방향이나 행선지를 나타내는 것입니다.
어딘가로 향해 있는 '화살표(→)'의 느낌이라고 보시면 됩니다.

to Africa 아프리카로
to the office 사무실로
to Paris 파리로
to heaven 천국으로

college
college는 '대학'입니다. 비슷한 뜻으로 university가 있죠.

엄밀히 말하면 college는 '단과대학' 또는 '2년제 전문대학'이고, university는 여러 단과대학이 모여 있는 '4년제 종합대학'입니다만, 딱히 구분하지 않고 쓰기도 해요.

예를 들어, '대학에 다니다'라고 말할 때 아래 두 표현을 모두 쓸 수 있어요.

go to college
go to university

하지만 말을 할 때는 college를 훨씬 더 자주 씁니다. 우리가 '대학에 다녀요.'라고 하지, '종합대학에 다녀요.'라고 말하지 않는 것과 마찬가지예요.

이때 주의할 점!
앞서 in에서도 주의를 드렸는데, I go college.[X]라고 말하면 절대 안 됩니다!

영어 초보자들이 이렇게 틀리게 말하는 이유가 있습니다.
I go college.를 우리말로 곧이곧대로 풀이하면 '나는 대학(을) 간다.', 즉 '대학 다닌다'는 의미가 될 것 같기 때문이죠.
하지만 **영어는 우리말과 달리 동사 go와 장소를 연결할 때 방향을 나타내는 전치사 to를 꼭 써준다**는 것, 잊지 마세요.

06

I study history there.
저는 거기에서 역사를 공부해요.

문장이 조금씩 복잡해지네요.
하지만 6번째 문장에서도 영어의 기본 어순은 변하지 않습니다. [주어 + 동사]로 문장을 시작하고, 동사 다음에는 동사에 필요한 정보가 중요한 순서대로 나온다는 원칙, 꼭 기억하세요.

I	→	study	→	history	→	there.
저는	→	공부해요	→	역사를	→	거기에서

동사 study 뒤에 나오는 단어들을 자세히 살펴볼게요.
영어 문장에서 단어들이 나열되는 순서는 영상을 촬영하는 카메라의 움직임과 비슷합니다. TV 예능 프로그램에서 종종 연예인들이 카메라가 달린 헬멧을 쓰고 촬영하는 장면을 볼 수 있죠.

영어 어순이 그런 촬영 카메라가 찍어내는 영상과 비슷해요.
먼저 카메라로 촬영을 하는 '나(I)'에 주목한 후 나의 '동작(study)'으로 시선이 움직입니다.

I → study 저는 → 공부해요

다음으로, 카메라가 가까운 곳에서 더 멀리로 시선을 이동해 가듯이, 동사 study와 의미상 더 밀접한 정보부터 study 뒤에 등장합니다.

카메라를 움직여 볼까요?
먼저 역사책이 클로즈업 됩니다. 다시 뒤의 배경으로 시선을 돌리니 LA에 있는 대학이 보이네요. 앞서도 언급된 대학이니 이 문장에서는 there(거기에서)로 표현합니다.

(I → study →) history → there
(저는 → 공부해요 →) 역사를 → 거기에서

문장 뜯어 보기

study

'공부하다'란 뜻의 동사죠. 워낙 우리말처럼 자주 쓰는 말이기도 합니다.

그럼 동사 study는 어떤 정보를 필요로 할까요?
'공부하다' 다음에는 당연히 공부하는 내용, 즉 '무엇을' 공부하는지에 대한 정보가 필요하겠죠.

이렇게 **동사의 (동작) 대상이 되는 정보를 '목적어'라고 불러요.**
목적어에는 대체로 '수학을 / 과학을 / 영어를'처럼 우리말 조사 '~을/를'이 붙게 됩니다.

앞서 배운 동사들과 비교해 볼게요.

live in LA   **LA에** 산다
go to college   **대학에** 가다/다니다
study history   **역사를** 공부하다

live 뒤에 쓰인 (in) LA나 go 뒤에 쓰인 (to) college 앞에는 장소나 방향을 나타내는 전치사 in과 to를 쓴 것과 달리 history 앞에는 전치사를 쓰지 않죠.
왜냐하면 history는 study의 목적어이기 때문이에요.

목적어 앞에는 전치사를 쓰지 않는다는 점과 주로 우리말 '~을/를'을 붙여 해석한다는 점, 꼭 기억해 두세요.

history
'역사'란 뜻의 명사입니다.
위 문장에서는 동사 study의 목적어로 쓰였네요.

목적어를 나타내는 우리말과 영어의 차이를 짚어볼게요.
'역사를'처럼 우리말은 조사 '~을/를'을 붙여 목적어를 나타내요. 하지만 영어는 조사를 따로 쓰지 않고 문장에서의 '위치'로 목적어의 역할을 나타냅니다.
다시 말해, **영어는 동사 뒤에 전치사 없이 바로 나오는 명사가 대체로 목적어 역할을 합니다.**

there
there는 '거기에'란 뜻으로 장소를 나타냅니다.

이 문장에서는 in college를 대신해서 쓰였어요.

there 같은 녀석들을 '부사'라고 합니다. '부사'가 뭐냐고요?
간단히 설명 드리면, 육하원칙 아시죠? '누가, 무엇을, 어디서, 언제, 어떻게, 왜'
이때 '누가, 무엇을'을 제외한 나머지 '어디서, 언제, 어떻게, 왜'에 해당하는 정보는 주로 부사로 나타냅니다.
there는 '어디서'에 해당되는 장소 정보를 나타내는 부사인 거죠.

다시 정리할게요.
부사는 문장에서 '어디서, 언제, 어떻게, 왜'에 해당되는 정보를 나타냅니다.

07

I see my girlfriend once a week.

저는 일주일에 한 번 여자친구를 만나요.

7번째 문장은 6번째 문장과 구조가 비슷합니다.

I	→	see	→	my girlfriend	→	once a week.
저는	→	만나요	→	여자친구를	→	일주일에 한 번

see는 '보다'란 뜻으로 '무엇을' 보는지 그 대상, 즉 목적어가 필요한 동사예요.
이 문장에서는 my girlfriend(내 여자친구를)가 목적어로 쓰였네요.
once a week은 '일주일에 한 번'이란 뜻으로 횟수를 나타내는 부사 표현입니다.

문장 뜯어 보기 🔍

see
see는 동사로 '보다'의 뜻이죠. 제시문에서는 '만나다'의 뜻에 가깝습니다.

우리는 '만나다'라고 하면 무조건 meet을 쓰는 경향이 있어요. 하지만 see나 get together도 많이 쓰입니다.

see 뒤에는 보는 대상이 목적어로 나와요.

see the game 경기를 보다
see the movie 영화를 보다
see page 215 215쪽을 보다

my
my는 I의 '소유격'입니다. '나의'란 뜻이죠.
우리말도 마찬가지지만, **소유격은 단독으로 쓰이지 않고 반드시 뒤에 꾸며주는 명사가 와야 합니다.**

my book 나의 책
my boyfriend 나의 남자친구
my house 나의 집

우리말에 비해 영어는 소유격을 더 자주 씁니다. 우리는 소유격을 생략해서 말하기도 하지만 영어는 생략하지 않기 때문이에요.

영어 … I put my money in my pocket.
우리말 … 전 제 돈을 제 주머니에 넣었어요.
우리말 … 전 돈을 주머니에 넣었어요.

girlfriend
아시죠? '여자친구'입니다. '남자친구'는 boyfriend이고요.

once

once는 '(과거의) 한때' 또는 '한 번'의 뜻입니다.

영어로 횟수를 나타낼 때 '한 번'은 once, '두 번'은 twice, '세 번'은 three times입니다.

세 번 이후로는 [숫자 + times]를 쓰면 돼요. four times(네 번), five times(다섯 번)처럼요.

a

a는 '하나의' 또는 '어떤'의 뜻입니다.

a boy 한 명의 소년 / 어떤 소년
a room 하나의 방 / 어떤 방

자음 앞에는 a를, 모음 앞에는 an을 쓰죠. 알파벳 중에 a, e, i, o, u (아, 에, 이, 오, 우)가 모음입니다.

an ice cream 하나의 아이스크림 / 어떤 아이스크림
an apple 하나의 사과 / 어떤 사과

week

week은 '일주일'입니다.

a week 한 주
this week 이번 주
last week 지난 주
next week 다음 주

08

I teach her Korean at a cafe on weekends.

저는 주말마다 카페에서 그녀에게 한국어를 가르쳐요.

니가 가라.
하와이.

니카카라.
하와이~

8번째 문장은 지금까지 나온 문장 중에 가장 길죠?
차분히 살펴보면 보기만큼 복잡하지 않습니다.

I	→	teach	→	her	→	Korean	→	at a cafe	→	on weekends.
저는	→	가르쳐요	→	그녀에게	→	한국어를	→	카페에서	→	주말마다

I teach로 시작했습니다. 이때 teach는 '가르치다'란 뜻이에요.
teach 다음에는 어떤 내용이 나올까요?
그렇죠! '무엇을' 가르치는지에 대한 정보가 나올 수 있습니다. 예를 들어
'저는 한국어를 가르쳐요.'처럼요. 영어로는 I teach Korean.이 되겠죠.

그런데 궁금한 게 더 생깁니다. 한국어를 가르친다, 그런데 누구에게?
가르침을 받는 대상도 궁금하네요. 위 문장에서는 her, '그녀에게' 가르칩니
다.

동사가 필요로 하는 정보가 '무엇을'에 국한되지는 않습니다.

'누구에게'라는 정보를 추가할 때는 '무엇을'에 해당하는 정보 앞에 둘 때가 많아요.
즉, 영어로는 '…에게 ~을'의 순서로 단어를 나열합니다.

I give my wife money. [give 주다] 저는 아내에게 돈을 줘요.
I send my wife money. [send 보내다] 저는 아내에게 돈을 보내요.
I show my wife money. [show 보여주다] 저는 아내에게 돈을 보여줘요.

여기서 my wife는 '제 아내에게'의 뜻입니다.
한편, 동사 give, send, show의 직접적인 대상은 모두 money입니다. 왜냐하면 주는 것도, 보내는 것도, 보여주는 것도 모두 '돈'이기 때문이죠.
그래서 money를 '직접목적어(~을)'라 하고, my wife는 '간접목적어(…에게)'라고 합니다.

기본 문장으로 돌아가 볼까요?
I teach her Korean at a cafe on weekends.에서 teach 다음에 her(그녀에게), Korean(한국어를)이 차례로 온 것을 볼 수 있죠.
이런 문형을 보통 4형식이라 부릅니다.

4형식의 대표적인 동사로는 give(주다), teach(가르쳐주다), show(보여주다), send(보내주다) 등이 있어요. 모두 우리말로는 '~해주다'로 해석되는 녀석들입니다.

자, 이제 문장 끝에 붙은 녀석들을 살펴볼게요.

at a cafe 카페에서 → on weekends 주말마다

at a cafe는 '장소', on weekends는 '시간'을 나타내는 어구입니다.

우리말은 대체로 시간을 장소보다 먼저 말하지만, 영어는 보통 '장소'를 나타내는 어구를 '시간'을 나타내는 어구보다 앞에 써요.

이유는요? 촬영 카메라의 원리, 기억나시나요?

가까운 것에서 먼 대상으로 순차적으로 확장되는 것이 영어어순의 원리라고 말씀 드렸죠.

가깝다는 것은 더 좁은 범위에 적용된다는 의미이고 먼 것은 더 넓은 범위에 적용되는 것입니다.

'장소'는 '시간'보다 가깝습니다.

왜냐하면 '장소'는 내 주변에만 적용되지만, '시간'은 내 주변의 장소뿐 아니라 훨씬 더 넓은 장소에 적용되기 때문이에요.

정리할게요.

장소와 시간을 나타내는 어구를 동시에 쓸 때는 [장소 → 시간] 순서로 씁니다.

I go to school in the morning. 저는 아침에 학교에 가요.
       장소　→　시간

I eat lunch at home every day. 저는 매일 집에서 점심을 먹어요.
         장소　→　시간

I meet my friends at the library on Sundays.
              장소　→　시간

저는 일요일마다 도서관에서 친구들을 만나요.

teach

teach는 '~을 가르치다' 또는 '…에게 ~을 가르쳐주다'의 뜻입니다.
I teach English. 저는 영어를 가르쳐요.
I teach my students English. 저는 학생들에게 영어를 가르쳐요.

her

her는 두 가지 뜻을 갖습니다. 하나는 '그녀를', 다른 하나는 '그녀의'입니다.
동사 뒤에 쓰여 목적어 역할을 할 때, '그녀를'입니다.

I love her. 저는 그녀를 사랑해요.
I know her. 저는 그녀를 알아요.

뒤에 명사가 와서 소유격으로 쓰일 때는, '그녀의'입니다.

her son 그녀의 아들
her job 그녀의 직업

Korean

Korean은 '한국어'를 뜻하기도 하고 '한국인' 또는 '한국의'란 뜻도 갖습니다. 나라 이름을 나타내는 고유명사의 형용사형은 대체로 쓰임이 이와 비슷합니다.

Korea 한국	Korean 한국어, 한국인, 한국의
Japan 일본	Japanese 일본어, 일본인, 일본의
China 중국	Chinese 중국어, 중국인, 중국의
America 미국	American 미국어, 미국인, 미국의
England 영국	English 영어, 영국인, 영국의

at

장소나 시간을 나타내는 명사 앞에 와서 '~에'의 뜻을 갖는 전치사입니다.

<u>at</u> a cafe 카페<u>에</u>(서)   <u>at</u> the airport 공항<u>에</u>(서)

<u>at</u> 7 7시<u>에</u>   <u>at</u> noon 정오<u>에</u>

cafe

cafe는 '카페'입니다. 발음은 꼭 인터넷 사전에서 확인해 보세요. [**캐**페이]
정도로 발음합니다.

on

영어에서 가장 중요한 전치사로 in, at, on을 꼽습니다. 그중 in과 at을 배웠
고 마지막으로 on에 대해 알아볼게요.
on은 at과 마찬가지로 장소나 시간을 나타내는 명사 앞에 와서 '~에'의 뜻
을 갖습니다.

<u>on</u> the floor 마루 위<u>에</u>   <u>on</u> the wall 벽<u>에</u>

<u>on</u> your birthday 네 생일<u>에</u>   <u>on</u> Friday 금요일<u>에</u>

이제 at, on, in을 비교해 볼게요.
먼저 **시간을 나타낼 때, at은 '시각', on은 '요일 / 날짜', in은 '월 / 계절 / 연
도' 앞에 씁니다.**

at + 시간	at 4:10 4시 10분에 at 5 o'clock 5시에
on + 요일 / 날짜	on Sunday 일요일에 on March 3 3월 3일에

in + 월 / 계절 / 연도	in May 5월에 in the summer 여름에 in 2018 2018년에

장소를 나타낼 때, at은 '~(지점)에', on은 '~(위)에', in은 '~(안)에'의 뜻입니다.

at ~(지점)에	at the bus stop 버스 정류장에 at the mall 쇼핑몰에
on ~(위)에	on the desk 책상 위에 on the wall 벽에
in ~(안)에	in the room 방 안에 in New York 뉴욕에

weekends

weekend는 '주말'인데요, 끝에 -s를 붙여 **weekends**로 쓰면 '주말마다'란 뜻이 됩니다.

한 번의 주말이 아니라 여러 번의 주말을 가리키기 때문에 명사의 복수형을 나타내는 -s를 붙였어요. 요일을 나타내는 말도 마찬가지로 쓰입니다.

on Mondays 월요일마다
on Sundays 일요일마다

09

I cook Korean food for her.

저는 그녀를 위해 한국 음식을 요리해요.

9번째 기본 문장 역시 이해하기 어렵지 않습니다.
[주어 + 동사]로 시작하고 동사에 필요한 정보를 순서대로 나열한다는 원리가 그대로 적용되니까요.

I	→	cook	→	Korean food	→	for her.
저는	→	요리해요	→	한국 음식을	→	그녀를 위해

위 문장의 의미가 확장되는 단계를 다시 한 번 보여 드릴게요.

I cook 나는 요리한다
I cook → Korean food 나는 요리한다 → 한국 음식을
I cook → Korean food → for her. 나는 요리한다 → 한국 음식을 → 그녀를 위해.

cook은 '요리하다'란 뜻의 동사죠. 주어 I와 동사 cook 뒤에 먼저 cook의 대상이 되는 Korean food가 목적어(~을/를)로 왔습니다. 그리고 '그녀를 위해'라는 뜻의 부사 표현 for her가 마지막에 왔네요.

cook이란 동사는 '요리하다'의 뜻 외에 '('…에게 ~을) 요리해주다'의 뜻으로도 쓰입니다. 따라서 앞서 배운 I teach her Korean.처럼 위 문장도 I cook her Korean food.로 표현할 수 있어요.

I cook her Korean food. 저는 그녀에게 한국 음식을 요리해줘요.
I cook Korean food for her. 저는 그녀를 위해 한국 음식을 요리해요.

문장 뜯어 보기 🔍

cook

cook은 동사로는 '요리하다'의 뜻이고, 명사로 쓰이면 '요리사'입니다. 그러면 cooker는 무슨 뜻일까요? 동사 cook에 사람을 나타내는 -er이 붙었으니 cooker의 의미가 '요리사'라고 착각하는 분들이 종종 계세요. 하지만 **cooker는 '요리사'가 아니라 '조리 기구'를 나타내니 주의해야 합니다.**

cooker 요리사 [X] / 조리 기구 [O]

food

food는 '음식'입니다.

food and drink 음식물
Korean food 한국 음식
dog food 개 사료

for

'~을 위해'의 뜻으로 쓰이는 전치사입니다.

a book for children 아이들을 위한 책
go home for Christmas 크리스마스를 위해 집에 가다
place for me 나를 위한 장소

10

I make her laugh a lot.
저는 그녀를 많이 웃게 만들어요.

드디어 10번째, 마지막 문장입니다. 마지막답게 문장 구조가 제일 까다로워요.

우리말과 달리 영어는 어순이 고정되어 있는 거 이제 잘 아시죠? 그래서 영어가 우리말보다 파악하기가 더 쉬워요. [주어 + 동사]부터 왼쪽에서 오른쪽, 한 방향으로 쭉 해석해 가면 됩니다.

I	→	make	→	her	→	laugh	→	a lot.
저는	→	만들어요	→	그녀를	→	웃게	→	많이

위 문장을 왼쪽에서부터 한 단어씩 해석해 볼게요.

I 나는
I → make 나는 만든다
I make → her 나는 그녀를 만든다

I make her에서 좀 의문이 생깁니다. 그녀를 만들다니? 뜻이 좀 이상하네

요.

그럴 땐 다음 단어에서 의문이 해결되는 경우가 많아요. 좀 더 오른쪽으로 가 봅시다.

I make her → laugh 나는 그녀를 만든다 → 웃는다

허걱, 이렇게 해석하니 무슨 공포영화 대사도 아니고, 의미가 더 이상해지네요.

여기서 중요한 영어의 특징 한 가지를 더 말씀 드릴게요.
영어는 가까이 있는 녀석들끼리 어울리는 경향이 있어요.

I make her laugh.에서 laugh는 '웃다'란 뜻의 동사인데, 이때의 laugh는 주어 I와 관계가 있는 것이 아니라 가까이 있는 her와 관계가 있습니다. 즉, **이 문장에서 '웃는' 주체는 주어 I가 아니라 목적어인 her이죠.**

그래서 이렇게 해석해야 자연스러워요.

I make her → laugh 나는 그녀를 만든다 → (그녀가) 웃게

정리하면, '내가 그녀를 만들고 (내가) 웃은' 게 아니라 '내가 그녀를 웃게 만든다'라고 해석해야 합니다. make가 이런 구조로 쓰일 때는 '~을 …하게 만들다'의 뜻이 되네요.

아직 어렵게 느껴지시나요? 예를 좀 더 들어볼게요.

I make Mark cry.
저는 마크를 만들고 울어요. [X] / 저는 마크를 울게 만들어요. [O]

I make Mark happy.
저는 마크를 만들고 행복해요. [X] / 저는 마크를 행복하게 만들어요. [O]

이 make란 동사는 학창시절에 '사역동사'라고 배웠던 녀석입니다. **목적어 다음에 동사가 올 때 '동사원형' 형태로 써야 한다**고 해서 시험에 자주 나왔던 거 기억나세요?

문장 뜯어 보기 🔍

make
make의 기본 뜻은 '만들다'입니다.

make a table 탁자를 만들다
make a cake 케이크를 만들다
make dress 옷을 만들다

10번째 문장처럼 쓰일 때는 '~을 …하게 만들다'의 뜻입니다.

make me sleep 나를 자게 만들다
make me smile 나를 미소 짓게 만들다
make me sad 나를 슬프게 만들다

이처럼 영어 단어는 한 가지 이상의 뜻을 갖는 경우가 많아요.
비슷한 의미이더라도 여러 가지 문장 구조로 쓰이기도 하니 주의해야 합니다.

laugh

'웃다'란 뜻의 동사입니다. 명사로는 '웃음, 웃음소리'란 뜻이에요.
같은 단어가 동사와 명사 역할을 동시에 하는군요. 영어에는 이런 단어가
적지 않아요. 쓰임이 헷갈린다고요? 쉽게 구별하는 방법이 있어요.

영어는 위치가 고정된 언어라고 했던 거 기억나시나요?
**단어가 쓰인 위치를 보면 명사로 쓰였는지 동사로 쓰였는지 구별할 수 있어
요.**

They laugh. 그들은 웃어요. **[주어 다음 자리이므로 동사]**
They give a laugh. 그들은 웃음소리를 내요. **[동사 다음 자리이므로 명사]**

lot

lot은 '많음', '다량'을 뜻하는 명사예요. 보통 a를 앞에 붙여서 a lot 형태로
많이 쓰이고 이때는 '많이'란 뜻입니다.

내가 알아야 할 모든 영어는 중학교에서 배웠다

오랫동안 영어공부를 하지 않다가
영어를 다시 시작하시는 분들은
영어회화를 잘하고 싶어 하는 경우가 많습니다.

그래서 서점에서 영어회화 책도 구매하고,
비용이 꽤 드는 영어회화 프로그램을 신청하기도 하죠.
그런데 많은 분들이 생각만큼 실력이 늘지 않아 답답해하세요.
왜 그럴까요?

다양한 이유가 있겠지만, 제 개인적으로는
영어의 기초가 탄탄하지 않기 때문이라 생각해요.
회화는 회화만 공부해서는 늘지 않거든요.
회화 책에서 암기한 표현은
딱 그 상황에 맞을 때말고는 쓸 일이 없습니다.

결국 회화를 잘하기 위해서는
우리말과 다른 영어의 어순구조, 단어, 문법 등을
확실히 익혀서 영어로 된 다양한 문장을 만들어낼 힘을 길러야 해요.

오래전에 '내가 알아야 할 모든 것은 유치원에서 배웠다'란
제목의 책이 있었습니다.
어쩌면 여러분들에게 필요한 영어의 기초는
아마도 중학교에서 모두 배웠을지도 모르겠습니다.

혹시 그때 알았어야 했던 것들을 체계적으로
다시 공부하고 싶으시면
제가 개발한 지니의 영어방송국 프로그램을
꼭 한 번 공부해 보시길 권해드려요.

01. 저는 지니예요.

02. 저는 21살이에요.

03. 저는 행복해요.

04. 저는 LA에 살아요.

05. 저는 대학에 다녀요.

01. I am Genie.

02. I am 21.

03. I am happy.

04. I live in LA.

05. I go to college.

06. 저는 거기에서 역사를 공부해요.

07. 저는 일주일에 한 번 여자친구를 만나요.

08. 저는 주말마다 카페에서 그녀에게 한국어를 가르쳐요.

09. 저는 그녀를 위해 한국 음식을 요리해요.

10. 저는 그녀를 많이 웃게 만들어요.

06. I study history there.

07. I see my girlfriend once a week.

08. I teach her Korean at a cafe on weekends.

09. I cook Korean food for her.

10. I make her laugh a lot.

변형 문장
만들기

우리말이 그렇듯이 영어에도 다양한 형태의 문장이 있습니다.
상대방에게 질문을 던질 때의 문장,
말하는 내용을 부정할 때의 문장,
과거·현재·미래를 나타내는 문장은 모두 형태가 달라요.

기본 문장을 이런 변형 문장으로 만드는 데 있어서
우리말과 영어는 큰 차이가 있어요.
우리말은 문장의 종류를 알 수 있는 정보가 문장의 끝에 나와요.
반면에 영어는 유사한 정보가 문장의 앞부분에 나옵니다.

즉, 우리말은 끝부분을 보면 문장의 종류를 알 수 있고
영어는 문장의 앞부분을 보면 문장의 종류를 알 수 있어요.

2단계 학습에서는 앞서 배운 기본 문장을 바탕으로
자주 쓰는 19가지 유형의 변형 문장을 만들어 보겠습니다.

이번 단계에서 배울
19가지 변형 문장의 종류를 소개합니다.

01. 의문문

02. 부정문

03. 3인칭 단수 기본문

04. 3인칭 단수 의문문

05. 3인칭 단수 부정문

06. 과거 시제 기본문

07. 과거 시제 의문문

08. 과거 시제 부정문

09. 3인칭 단수 과거 시제 기본문

10. 3인칭 단수 과거 시제 의문문

11. 3인칭 단수 과거 시제 부정문

12. 의문사 의문문

13. 조동사 will

14. 조동사 must

15. to부정사 (1)

16. to부정사 (2)

17. to부정사 (3)

18. 동명사

19. 명사절

01

의문문

기본 문장을 활용해 첫 번째로 만들어 볼 변형 문장은 의문문입니다.

기본문을 의문문으로 만들 줄 아는 것은 정말 중요해요.
평상시 대화의 대부분이 묻고 답하는 것이기 때문이죠.

일상적인 우리말 대화 상황을 예로 들어 볼게요.

A: 어제 뭐 했어요?
B: 오랜만에 친구 만나서 커피 한 잔 했어요.
A: 누구요?
B: 수진이요.
A: 고등학교 때 친구인가요?
B: 아니요, 중학교 동창이에요.

대화 속에서 A는 질문을 던지고 B는 질문에 답변을 하고 있어요.
이런 다양한 질문이 바로 의문문으로 표현됩니다.

그런데 의문문을 만드는 방식에 있어서 영어는 우리말과 다릅니다.
우리말은 의문문을 만들 때 '~(한)가요?', '~(합)니까?', '~(하)나요?' 등의
끝말을 붙이죠.

즉, 동사의 끝(어미)을 변형합니다.

저는 토니예요. → 당신은 토니인가요?
저는 당신을 사랑해요. → 당신은 저를 사랑하나요?

한편, 영어는 동사를 변형하는 것이 아니라 단어의 위치를 바꿔줍니다. 주어 앞으로 be동사나 do동시를 내보내는 것이죠.

I am Tony. 저는 토니예요.

Are you Tony? 당신은 토니인가요?

I love you. 저는 당신을 사랑해요.

Do you love me? 당신은 저를 사랑하나요?

기본문과 달리 의문문은 [동사 + 주어]의 어순이 된 것을 알 수 있습니다.

의문문 만들기

이제 10개의 기본 문장을 의문문으로 변형해 볼게요.
먼저 **be동사는 주어 앞으로 내보내기만 하면 됩니다.**

01. I am Genie. ⇒ **Are you** Genie? 당신은 지니인가요?
02. I am 21.   ⇒ **Are you** 21? 당신은 21살인가요?

03. I am happy. ⇒ **Are you** happy? 당신은 행복한가요?

I am을 Are you로 바꾸고 의문부호(?)를 붙여주면 됩니다.
대화 상황에서는 끝을 조금 올려서 질문의 의미를 더해 주세요.

그런데 왜 Am I ~가 아니고 Are you ~일까요?
일반적으로 의문문은 '상대방(you)'에게 하는 질문이기 때문입니다.
만약 Am I Genie?라고 하면 '저는 지니입니까?'라는 뜻인데, 일상적인 질문은 아니겠죠?

be동사를 제외한 나머지 일반 동사는 주어 앞에 do를 써 줍니다.
do가 주어 앞으로 가서 be동사 의문문과 마찬가지로 [동사 + 주어]의 어순이 되는 것이죠.

04. I live in LA.
　　⇒ **Do you live** in LA? 당신은 LA에 사나요?

05. I go to college.
　　⇒ **Do you go** to college? 당신은 대학에 다니나요?

06. I study history there.
　　⇒ **Do you study** history there? 당신은 거기에서 역사를 공부하나요?

07. I see my girlfriend once a week.
　　⇒ **Do you see** your girlfriend once a week?
　　　당신은 일주일에 한 번 여자친구를 만나나요?

08. I teach her Korean at a cafe on weekends.
⇒ **Do you teach** her Korean at a cafe on weekends?
당신은 주말마다 카페에서 그녀에게 한국어를 가르치나요?

09. I cook Korean food for her.
⇒ **Do you cook** Korean food for her?
당신은 그녀를 위해 한국 음식을 요리하나요?

10. I make her laugh a lot.
⇒ **Do you make** her laugh a lot? 당신은 그녀를 많이 웃게 만드나요?

주의할 점 한 가지.
간혹 일반 동사의 의문문에 be동사를 쓰는 분들이 있어요. 절대! 안 됩니다!

Are you live in LA? [X] [Are → Do]
Are you go to college? [X] [Are → Do]
Are you study history there? [X] [Are → Do]

are
are는 be동사의 변화형 중 하나이고 2인칭인 you 다음에 씁니다.

You are good-looking. 당신은 잘 생겼어요.

you

동사 앞에 오면 '너는' 또는 '너희들은'이란 뜻이 되며 주어입니다.
동사 다음에 오면 목적어가 되어 '너를' 또는 '너희들을'이란 뜻도 되죠.
영어는 쓰이는 위치에 따라 단어의 의미가 달라질 수 있습니다.

<u>You</u> love me. 당신은 저를 사랑해요.
I love <u>you</u>. 저는 <u>당신을</u> 사랑해요.

your

'너의'란 뜻이에요. 명사 앞에 쓰여 명사를 수식하는 소유격입니다.

I - my   나는 - 나의   you - your   너는 - 너의
he - his   그는 - 그의   she - her   그녀는 - 그녀의

do

'(~을) 하다'란 뜻의 동사입니다. 그런데 이밖에 중요한 역할이 하나 더 있어요.

do는 be동사가 아닌 일반 동사가 쓰인 문장을 의문문이나 부정문으로 만들 때 쓰여요. 이때는 아무런 뜻은 없고 문법적인 역할만 합니다.

<u>Do</u> you best. 최선을 <u>다하세요</u>. [(~을) 하다]
<u>Do</u> you **love** me? 당신은 나를 사랑하나요? [의문문을 만들 때 사용, 해석 안 됨]

언어 천재 Richard Burton의 언어공부법

18세기에 리처드 버튼(Richard Burton)이라는 분이 있었습니다.
생전에 무려 30개 나라의 언어를 구사할 수 있었던 언어 천재로 알려져 있죠.
그분은 평소 언어 공부방법에 대해 이렇게 적고 있습니다.

I got a simple grammar and vocabulary, marked out the forms and
words which I knew were absolutely necessary,
나는 간단한 문법과 어휘를 구해서 꼭 필요한 형태와 단어만 골라내서는

and learnt them by heart
by carrying them in my pocket and
looking over them at spare moments.
그리고 그것을 주머니에 넣고 다니며
틈날 때마다 반복해서 살펴보면서, 암기했습니다.

After learning some three hundred words,
I stumbled through some easy book
and underlined every word that I wished to recollect.
약 300 단어를 학습하고 나서, 나는 쉬운 책을 더듬거리면서도 끝까지 읽었고, 기억
하고 싶은 모든 단어에 밑줄을 그었습니다.

이분의 학습방법에서 알 수 있듯이,
언어공부에 무슨 대단한 학습방법이 있는 것은 아니에요.
결국 기본에 충실하면서 꾸준히 하는 것이 가장 좋은 방법이란 생각이 듭니다.

01. 당신은 지니인가요?

02. 당신은 21살인가요?

03. 당신은 행복한가요?

04. 당신은 LA에 사나요?

05. 당신은 대학에 다니나요?

01. Are you Genie?

02. Are you 21?

03. Are you happy?

04. Do you live in LA?

05. Do you go to college?

06. 당신은 거기에서 역사를 공부하나요?

07. 당신은 일주일에 한 번 여자친구를 만나나요?

08. 당신은 주말마다 카페에서 그녀에게 한국어를 가르치나요?

09. 당신은 그녀를 위해 한국 음식을 요리하나요?

10. 당신은 그녀를 많이 웃게 만드나요?

06. Do you study history there?

07. Do you see your girlfriend once a week?

08. Do you teach her Korean at a cafe on weekends?

09. Do you cook Korean food for her?

10. Do you make her laugh a lot?

02

부정문

우리말은 부정문을 만들 때 동사 앞에 부사 '안(아니) ~'을 붙이거나 '~하지 않아요'처럼 동사를 변형합니다.

저는 토니예요. → 저는 토니가 <u>아니</u>에요.
저는 당신을 사랑해요. → 저는 당신을 <u>안</u> 사랑해요 / 사랑<u>하지 않아요</u>.

영어는 부정문을 만들 때 be동사나 do동사 다음에 not을 붙입니다.

I am Tony. 저는 토니예요.

I am (not) Tony. 저는 토니가 아니에요.

I love you. 저는 당신을 사랑해요.

I (do not) love you. 저는 당신을 사랑하지 않아요.

이제 10개의 기본 문장을 부정문으로 변형해 볼게요.
be동사는 바로 뒤에 not을 붙이고 I am not은 주로 축약형인 I'm not으로 씁니다.

01. I <u>am</u> Genie. ⇒ **I'm not** (=I am not) Genie. 저는 지니가 아니에요.
02. I <u>am</u> 21. ⇒ **I'm not** (=I am not) 21. 저는 21살이 아니에요.
03. I <u>am</u> happy. ⇒ **I'm not** (=I am not) happy. 저는 행복하지 않아요.

be동사 외에 일반 동사는 의문문을 만들 때와 마찬가지로 do의 도움을 받아요. **동사는 그대로 두고 그 앞에 do not을 써 줍니다.**
do not 역시 don't로 축약해서 쓰는 경우가 많아요.

04. I <u>live</u> in LA.
　⇒ I **don't**(=do not) **live** in LA. 저는 LA에 살지 않아요.

05. I <u>go</u> to college.
　⇒ I **don't**(=do not) **go** to college. 저는 대학에 다니지 않아요.

06. I <u>study</u> history there.
　⇒ I **don't**(=do not) **study** history there.
　　저는 거기에서 역사를 공부하지 않아요.

07. I <u>see</u> my girlfriend once a week.
　⇒ I **don't**(=do not) **see** my girlfriend once a week.
　　저는 일주일에 한 번 여자친구를 만나지 않아요.

08. I <u>teach</u> her Korean at a cafe on weekends.

⇒ I **don't**(=do not) **teach** her Korean at a cafe on weekends.

저는 주말마다 카페에서 그녀에게 한국어를 가르치지 않아요.

09. I <u>cook</u> Korean food for her.

⇒ I **don't**(=do not) **cook** Korean food for her.

저는 그녀를 위해 한국 음식을 요리하지 않아요.

10. I <u>make</u> her laugh a lot.

⇒ I **don't**(=do not) **make** her laugh a lot.

저는 그녀를 많이 웃게 만들지 않아요.

의문문과 마찬가지로 일반 동사의 부정문에 be동사를 끌어들이지 마세요.

I'm not live in LA. [X] [I'm not → I don't]

I'm not go to college. [X] [I'm not → I don't]

I'm not study history. [X] [I'm not → I don't]

영어는 에스컬레이터가 아니라 계단이다

영어를 가장 잘하는 정치인으로 박진 의원을 꼽습니다.
미국 하버드 대학을 졸업하고, 영국 옥스포드 대학에서 박사 학위를 받았답니다.

'공부도 잘했고, 해외 제류도 오래했으니 영어 잘하는 건 당연한 거 아냐?'라고 생각
하시겠지만, 요즘도 매일 아침에 일어나면 꼭 30분 이상은 영어 공부를 하신다네요.
이분이 영어 공부에 관련해서 하신 말씀입니다.

영어는 스포츠이다.
마치 운동선수가 한 가지 동작을 끊임없이 반복해서 몸이 기억하게 하는 것처럼
영어도 필요한 상황에서 몸이 저절로 반응할 수 있도록
'근육이 영어를 기억'하게 해야 한다.

이를 위해서는 반복적인 연습과 훈련이 중요하다.
그리고 영어 공부를 하면서 가장 큰 장애물이라고 할 수 있는 조급증을 버려야 한다.
영어는 '에스컬레이터가 아니라 계단'이기 때문이다.

열흘 공부했다고 닷새 공부한 것의 두 배가 늘지는 않지만,
꾸준히 노력한다면 초반에는 더디게만 느껴지던 것이
어느 순간에는 계단을 오르듯 쑥쑥 늘게 된다.

이분의 글에서 알 수 있듯이,
영어를 비롯한 언어 학습은 공부를 해도
실력이 늘었는지 체감하기가 쉽지 않습니다.
그래서 제풀에 지쳐서 중도에 포기하는 경우도 많죠.
하지만 좀 힘들더라도 꾸준히 하시면 실력이 부쩍 느는 순간이 온다는 것,
잊지 마시기 바랍니다.

01. 저는 지니가 아니에요.

02. 저는 21살이 아니에요.

03. 저는 행복하지 않아요.

04. 저는 LA에 살지 않아요.

05. 저는 대학에 다니지 않아요.

01. I'm not Genie.

02. I'm not 21.

03. I'm not happy.

04. I don't live in LA.

05. I don't go to college.

06. 저는 거기에서 역사를 공부하지 않아요.

07. 저는 일주일에 한 번 여자친구를 만나지 않아요.

08. 저는 주말마다 카페에서 그녀에게 한국어를 가르치지 않아요.

09. 저는 그녀를 위해 한국 음식을 요리하지 않아요.

10. 저는 그녀를 많이 웃게 만들지 않아요.

06. I don't study history there.

07. I don't see my girlfriend once a week.

08. I don't teach her Korean at a cafe on weekends.

09. I don't cook Korean food for her.

10. I don't make her laugh a lot.

03

3인칭 단수 기본문

영어에는 세 가지 종류의 인칭이 있습니다.

1인칭은 '나(I)'와 나를 포함한 '우리(we)'
2인칭은 '너(you)'와 너를 포함한 '너희(you)'
3인칭은 1·2인칭을 제외한 모든 사람과 사물을 가리키죠.

cook(요리사), doctor(의사), mother(어머니)와 같이 사람을 가리키는 단어
뿐 아니라 book(책), store(가게), pizza(피자)처럼 사물을 가리키는 단어들
이 모두 3인칭입니다.

**영어 문법에서는 3인칭 중에도 단수[단수는 '하나'를 의미하죠.]가 중요해
요.**
주어가 3인칭 단수이면 동사의 형태가 달라지기 때문이에요.

주어가 3인칭 단수일 때, be동사는 is를 씁니다.
일반 동사의 경우에는 동사에 -(e)s를 붙여요.

I am Tony. 저는 토니예요.

He is Tony. 그는 토니예요.

I love you. 저는 당신을 사랑해요.

He loves you. 그는 당신을 사랑해요.

3인칭 단수 기본문 만들기

주어가 he[he는 '그는'이란 뜻으로 3인칭 단수입니다.]일 경우에 be동사는
is를 씁니다.

01. I am Genie. ⇒ **He is** Genie. [He am (X)] 그는 지니예요.
02. I am 21.   ⇒ **He is** 21. [He am (X)] 그는 21살이에요.
03. I am happy. ⇒ **He is** happy. [He am (X)] 그는 행복해요.

일반 동사는 끝에 -(e)s를 붙입니다.
04. I live in LA.
   ⇒ **He lives** in LA. [He live (X)] 그는 LA에 살아요.

05. I go to college.
   ⇒ **He goes** to college. [He go (X)] 그는 대학에 다녀요.

06. I study history there.

⇒ **He studies** history there. [He study (X)]
그는 거기에서 역사를 공부해요.

07. I see my girlfriend once a week.

⇒ **He sees** his girlfriend once a week. [He see (X)]
그는 일주일에 한 번 여자친구를 만나요.

08. I teach her Korean at a cafe on weekends.

⇒ **He teaches** her Korean at a cafe on weekends. [He teach (X)]
그는 주말마다 카페에서 그녀에게 한국어를 가르쳐요.

09. I cook Korean food for her.

⇒ **He cooks** Korean food for her. [He cook (X)]
그는 그녀를 위해 한국 음식을 요리해요.

10. I make her laugh a lot.

⇒ **He makes** her laugh a lot. [He make (X)]
그는 그녀를 많이 웃게 만들어요.

일반 동사에 -(e)s를 붙이는 방법에 대해 알아볼게요.

대부분의 동사	+ -s	lives, sees, cooks, makes
-s, -ss, -sh, -ch, -x, -o로 끝나는 동사	+ -es	goes, teaches
자음+y로 끝나는 동사	+ (y 지우고) -ies	studies

is

is는 be동사의 변화형 중 하나이고 3인칭 단수 주어 다음에 씁니다.

He is good-looking. 그는 잘생겼어요.

he

he는 '그는'이란 뜻으로 3인칭 단수 남성형이며 주어로 쓰입니다.
He loves Marie. 그는 마리를 좋아해요.

his

'그의'란 뜻으로 대명사 he의 소유격이에요. 명사 앞에 쓰이겠네요.

I - my   나는 - 나의   you - your   너는 - 너의
he - his   그는 - 그의   she - her   그녀는 - 그녀의

01. 그는 지니예요.

02. 그는 21살이에요.

03. 그는 행복해요.

04. 그는 LA에 살아요.

05. 그는 거기에서 대학에 다녀요.

01. He is Genie.

02. He is 21.

03. He is happy.

04. He lives in LA.

05. He goes to college.

06. 그는 거기에서 역사를 공부해요.

07. 그는 일주일에 한 번 여자친구를 만나요.

08. 그는 주말마다 카페에서 그녀에게 한국어를 가르쳐요.

09. 그는 그녀를 위해 한국 음식을 요리해요.

10. 그는 그녀를 많이 웃게 만들어요.

06. He studies history there.

07. He sees his girlfriend once a week.

08. He teaches her Korean at a cafe on weekends.

09. He cooks Korean food for her.

10. He makes her laugh a lot.

04

3인칭 단수 의문문

주어가 3인칭 단수인 경우 동사를 다르게 쓴다고 배웠습니다.

이 문장의 의문문은 일반 주어 기본문을 의문문으로 변형하는 방법과 같아 요.

be동사는 주어 앞으로 바로 보내고 일반 동사는 do를 주어 앞으로 보냅니 다.

He is Tony. 그는 토니예요.

Is he Tony? 그는 토니인가요?

He loves you. 그는 당신을 사랑해요.

Does he love you? 그는 당신을 사랑하나요?

3인칭 단수 의문문 만들기

앞서 만들어 본 3인칭 단수가 주어로 쓰인 10개의 문장을 의문문으로 변형 해 볼게요.

be동사는 주어 앞으로 내보내면 됩니다.

01. He is Genie.　　⇒ **Is he** Genie?　그는 지니인가요?
02. He is 21.　　　⇒ **Is he** 21?　그는 21살인가요?
03. He is happy.　　⇒ **Is he** happy?　그는 행복한가요?

be동사를 제외한 나머지 일반 동사는 주어 앞에 does를 써 줍니다.
does는 do의 3인칭 단수형이에요.

04. He lives in LA.
　　⇒ **Does he live** in LA?　그는 LA에 사나요?

05. He goes to college.
　　⇒ **Does he go** to college?　그는 대학에 다니나요?

06. He studies history there.
　　⇒ **Does he study** history there?　그는 거기에서 역사를 공부하나요?

07. He sees his girlfriend once a week.
　　⇒ **Does he see** his girlfriend once a week?
　　그는 일주일에 한 번 여자친구를 만나나요?

08. He teaches her Korean at a cafe on weekends.
　　⇒ **Does he teach** her Korean at a cafe on weekends?
　　그는 주말마다 카페에서 그녀에게 한국어를 가르치나요?

09. He cooks Korean food for her.

⇒ **Does he cook** Korean food for her?

그는 그녀를 위해 한국 음식을 요리하나요?

10. He makes her laugh a lot.

⇒ **Does he make** her laugh a lot? 그는 그녀를 많이 웃게 만드나요?

주의할 점은 3인칭 단수 동사임을 does가 이미 나타내 주기 때문에 뒤에 오는 일반 동사에는 -(e)s를 붙이지 않는다는 거예요. 그냥 동사 원형으로 써 줍니다.

Does he *lives* in LA? [X] [lives → live]

Does he *goes* to college? [X] [goes → go]

Does he *studies* history there? [X] [studies → study]

문장 뜯어 보기

does

문장에 일반 동사가 쓰였고 현재 시제이며 주어가 3인칭 단수일 때는 의문문과 부정문에 do의 3인칭 단수형인 does를 사용해요.

Do you love me? 당신은 저를 사랑하나요?

Does he love me? 그는 저를 사랑하나요?

영어는 아이들보다 어른이 더 잘 배운다

많은 사람들이 영어는 아이들이 어른보다 훨씬 잘 배운다고 생각합니다.
하지만 그건 잘못된 생각이에요.
같은 조건이라면 아이들보다 어른이 훨씬 언어를 잘 배울 수 있습니다.

최근 연구에 따르면 아이들이 어른보다 영어를 더 잘할 수 있는 분야는 발음이에요.
아이들이 어른보다 모방을 잘하기 때문이죠.

발음 외의 분야는 어른이 아이들보다 훨씬 더 잘 배울 수 있습니다.
아이가 일 년 배울 단어를 어른은 한 달이면 외울 수 있거든요.

왜 그럴까요?
아이들보다 어른이 '배경지식'이
훨씬 더 많기 때문입니다.
아이들이 '정의'란 단어가 justice란 걸
알 수 있을까요?
아마 우리말로도 이해가 안 되는 단어이니
당연히 영어로도 외우기 힘들 겁니다.

문법도 마찬가지입니다.
아이들은 문법을 힘들어합니다. 문법용어 자체를 이해 못하죠.
물론 온통 한자로 된 용어에도 문제가 있겠지만 말이죠.
하지만 아이에 비하면 어른은 문법개념을 쉽게 이해하는 편입니다.

간혹 '어렸을 때 열심히 영어를 배웠더라면...' 하시는 분들이 있어요.
영어공부에 늦은 나이는 없습니다.
아직 늦지 않았으니, 이제라도 도전해 보세요.
영어를 잘하면 얻게 되는 것들이 너무도 많거든요.

01. 그는 지니인가요?

02. 그는 21살인가요?

03. 그는 행복한가요?

04. 그는 LA에 사나요?

05. 그는 대학에 다니나요?

01. Is he Genie?

02. Is he 21?

03. Is he happy?

04. Does he live in LA?

05. Does he go to college?

06. 그는 거기에서 역사를 공부하나요?

07. 그는 일주일에 한 번 여자친구를 만나나요?

08. 그는 주말마다 카페에서 그녀에게 한국어를 가르치나요?

09. 그는 그녀를 위해 한국 음식을 요리하나요?

10. 그는 그녀를 많이 웃게 만드나요?

06. Does he study history there?

07. Does he see his girlfriend once a week?

08. Does he teach her Korean at a cafe on weekends?

09. Does he cook Korean food for her?

10. Does he make her laugh a lot?

05

3인칭 단수 부정문

주어가 3인칭 단수인 문장의 부정문 역시 일반 주어의 기본문을 부정문으로
변형하는 방법과 같습니다. be동사와 do동사 뒤에 not을 붙이면 돼요.

> **He is Tony.** 그는 토니예요.
>
> He is (not) Tony. 그는 토니가 아니에요.

> **He loves you.** 그는 당신을 사랑해요.
>
> He (does not) love you. 그는 당신을 사랑하지 않아요.

3인칭 단수 의문문 만들기

앞서 연습한 3인칭 단수가 주어로 쓰인 10개의 문장을 부정문으로 변형해
볼게요.

be동사는 is 다음에 not을 붙여 표현합니다.
He is not은 보통 He isn't 또는 He's not으로 축약해서 많이 씁니다.

01. He <u>is</u> Genie. ⇒ He **isn't**(=is not) Genie. 그는 지니가 아니에요.

02. He <u>is</u> 21. ⇒ He **isn't**(=is not) 21. 그는 21살이 아니에요.

03. He <u>is</u> happy. ⇒ He **isn't**(=is not) happy. 그는 행복하지 않아요.

be동사를 제외한 나머지 일반 동사는 동사 앞에 does not을 써서 부정합니다.

does not은 doesn't로 축약해서 많이 써요.

04. He <u>lives</u> in LA.

⇒ He **doesn't**(=does not) **live** in LA. 그는 LA에 살지 않아요.

05. He <u>goes</u> to college.

⇒ He **doesn't**(=does not) **go** to college. 그는 대학에 다니지 않아요.

06. He <u>studies</u> history there.

⇒ He **doesn't**(=does not) **study** history there.

그는 거기에서 역사를 공부하지 않아요.

07. He <u>sees</u> his his girlfriend once a week.

⇒ He **doesn't**(=does not) **see** his girlfriend once a week.

그는 일주일에 한 번 여자친구를 만나지 않아요.

08. He <u>teaches</u> her Korean at a cafe on weekends.

⇒ He **doesn't**(=does not) **teach** her Korean at a cafe on weekends.

그는 주말마다 카페에서 그녀에게 한국어를 가르치지 않아요.

09. He <u>cooks</u> Korean food for her.

⇒ He **doesn't**(=does not) **cook** Korean food for her.

그는 그녀를 위해 한국 음식을 요리하지 않아요.

10. He <u>makes</u> her laugh a lot.

⇒ He **doesn't**(=does not) **make** her laugh a lot.

그는 그녀를 많이 웃게 만들지 않아요.

이때 의문문과 마찬가지로 **부정문의 경우에도 3인칭 단수 동사임을 does가 이미 나타내 주기 때문에 뒤에 오는 일반 동사에는 - (e)s를 붙이지 않는다**는 점에 주의하세요.

He doesn't *lives* in LA. [X] [lives → live]

He doesn't *goes* to college. [X] [goes → go]

He doesn't *studies* history there. [X] [studies → study]

문법을 모르면 영어실력에 발전이 없다

우리나라 영어 교육에 대해 비판할 때 가장 흔히 듣는 얘기 중에 하나가
'문법 위주의 교육'입니다.
원어민들은 문법을 따로 공부하지 않아도 되는 것처럼
우리도 문법을 굳이 공부하지 않아도 영어를 잘할 수 있다는 식이죠.

하지만 매일 영어로 생활하는 환경에서 영어를 모국어로 접하는 사람들과
매일 한국어로 생활하면서 영어를 가끔 접하는 우리가
같은 방식으로 영어를 학습한다는 건 이치에 맞지 않죠.

입장을 바꿔, 한국인에게 '한국어'는 모국어이기 때문에
감각적으로 알 수 있는 문법이 머릿속에 자연스럽게 쌓여있습니다.
태어나서부터 많은 사람들과의 소통을 통해 알게 된 것들이죠.
따로 공부할 필요가 크지 않습니다.

아주 기초적인 수준의 영어에 머물게 아니라면, 영어 문법은 꼭 공부하셔야 합니다.
관사의 쓰임이나 현재완료, 가정법 등 우리말과 발상이 다른 문장은
문법적 지식이 없이는 말하고 쓰기도,
듣고 이해하기도 어렵습니다.

If I had time,
I would help you.

If I have time, I'll help you. 시간 나면 도와줄게.
If I had time, I would help you.
시간 나면 도와줄 텐데.

문법을 모르고 두 문장의 차이를 이해할 수 있을까요?
문법, 공부하기 힘들고 재미도 없다고
생각하실지 모르지만, 영어를 제대로 잘하고 싶으시다면,
꼭 알아둬야 할 소중한 친구입니다.

다음 우리말을
영어로 말해보세요.

01. 그는 지니가 아니에요.

02. 그는 21살이 아니에요.

03. 그는 행복하지 않아요.

04. 그는 LA에 살지 않아요.

05. 그는 대학에 다니지 않아요.

01. He isn't Genie.

02. He isn't 21.

03. He isn't happy.

04. He doesn't live in LA.

05. He doesn't go to college.

06. 그는 거기에서 역사를 공부하지 않아요.

07. 그는 일주일에 한 번 여자친구를 만나지 않아요.

08. 그는 주말마다 카페에서 그녀에게 한국어를 가르치지 않아요.

09. 그는 그녀를 위해 한국 음식을 요리하지 않아요.

10. 그는 그녀를 많이 웃게 만들지 않아요.

06. He doesn't study history there.

07. He doesn't see his girlfriend once a week.

08. He doesn't teach her Korean at a cafe on weekends.

09. He doesn't cook Korean food for her.

10. He doesn't make her laugh a lot.

06

과거 시제 기본문

영어는 시제가 정말 중요해요.
지금까지 배운 기본 문장들은 모두 현재 시제였습니다.

현재 시제는 현재 시점 기준으로 '사실'인 내용과 '습관적 행위'를 나타내요.

과거 시제는 '현재와의 단절'을 나타냅니다.
과거에는 그랬지만, 현재는 그렇지 않다는 것이죠.

우리말은 과거 시제를 나타낼 때 주로 동사에 '-았/었/였-'을 포함해서 말합니다.

현재 시제 …… 저는 당신을 사랑해요. [지금도 그렇고, 앞으로도 그럴 거에요.]
과거 시제 …… 저는 당신을 사랑했어요. [사랑했지만, 지금은 아니에요.]

영어 역시 우리말처럼 동사의 형태를 바꿔 과거 시제를 표현합니다.
영어 동사의 과거 시제는 보통 -ed를 붙이면 되는데 be동사를 포함해 일부 동사는 과거형이 따로 있는 경우도 있어요.

I am Tony. 저는 토니예요.

↓

I was Tony. 저는 토니였어요.

I love you. 저는 당신을 사랑해요.

↓

I loved you. 저는 당신을 사랑했어요.

과거 시제 기본문 만들기

이제 10개의 기본 문장을 과거 시제로 변형해 볼게요.
be동사 am의 과거 시제는 was입니다.

01. I am Genie.   ⇒ I **was** Genie. 저는 지니였어요.
02. I am 21.   ⇒ I **was** 21. 저는 21살이었어요.
03. I am happy.   ⇒ I **was** happy. 저는 행복했어요.

일반 동사의 경우는 좀 복잡해요.
대부분의 동사는 -ed를 붙여 과거형을 나타내는데, 그렇지 않은 동사도 많아요.
일명 '불규칙동사'들인데 번거롭더라도 따로 암기하셔야 해요.

04. I live in LA.
    ⇒ I **lived** in LA. 저는 LA에 살았어요.

05. I go to college.

⇒ I **went** to college. 저는 대학에 다녔어요.

06. I study history there.

⇒ I **studied** history there. 저는 거기에서 역사를 공부했어요.

07. I see my girlfriend once a week.

⇒ I **saw** my girlfriend once a week.

저는 일주일에 한 번 여자친구를 만났어요.

08. I teach her Korean at a cafe on weekends.

⇒ I **taught** her Korean at a cafe on weekends.

저는 주말마다 카페에서 그녀에게 한국어를 가르쳤어요.

09. I cook Korean food for her.

⇒ I **cooked** Korean food for her. 저는 그녀를 위해 한국 음식을 요리했어요.

10. I make her laugh a lot.

⇒ I **made** her laugh a lot. 저는 그녀를 많이 웃게 만들었어요.

일반 동사의 과거형 만드는 방법을 정리해 볼게요.

대부분의 동사	+ -ed	cooked
-e로 끝나는 동사	+ -d	lived
'자음+y'로 끝나는 동사	+ (y 지우고) -ied	studied
'단모음+단자음'으로 끝나는 동사	+ 겹자음-ed	stopped, planned
기타 불규칙변화 동사		went[go], saw[see], taught[teach], made[make]

was

was는 be동사 am과 is의 과거형이에요. are의 과거형은 were입니다.

He was good-looking. 그는 잘생겼었어요. [지금은 아니란 뜻]
You were good-looking. 당신은 잘생겼었어요. [역시 지금은 아니란 뜻]

01. 저는 지니였어요.

02. 저는 21살이었어요.

03. 저는 행복했어요.

04. 저는 LA에 살았어요.

05. 저는 대학에 다녔어요.

01. I was Genie.

02. I was 21.

03. I was happy.

04. I lived in LA.

05. I went to college.

06. 저는 거기에서 역사를 공부했어요.

07. 저는 일주일에 한 번 여자친구를 만났어요.

08. 저는 주말마다 카페에서 그녀에게 한국어를 가르쳤어요.

09. 저는 그녀를 위해 한국 음식을 요리했어요.

10. 저는 그녀를 많이 웃게 만들었어요.

06. I studied history there.

07. I saw my girlfriend once a week.

08. I taught her Korean at a cafe on weekends.

09. I cooked Korean food for her.

10. I made her laugh a lot.

07

과거 시제 의문문

과거 시제 의문문은 현재 시제 의문문을 만드는 방법과 같습니다.
동사를 주어 앞으로 보내 주세요.

I was Tony. 저는 토니였어요.

Were you Tony? 당신은 토니였나요?

I loved you. 저는 당신을 사랑했어요.

Did you love me? 당신은 저를 사랑했나요?

과거 시제 의문문 만들기

be동사는 과거형 was나 were를 주어 앞으로 보내면 됩니다.
주어가 you일때는 were를 씁니다.

01. I was Genie.   ⇒ **Were you** Genie? 당신은 지니였나요?

02. I was 21.　　　⇒ **Were you** 21?　당신은 21살이었나요?

03. I was happy.　　⇒ **Were you** happy?　당신은 행복했나요?

일반 동사의 과거 시제 의문문에는 do·does의 과거형 did를 사용해요.

04. I lived in LA.

　　⇒ **Did you live** in LA?　당신은 LA에 살았나요?

05. I went to college.

　　⇒ **Did you go** to college?　당신은 대학에 다녔나요?

06. I studied history there.

　　⇒ **Did you study** history there?　당신은 거기에서 역사를 공부했나요?

07. I saw my girlfriend once a week.

　　⇒ **Did you see** your girlfriend once a week?
　　당신은 일주일에 한 번 여자친구를 만났나요?

08. I taught her Korean at a cafe on weekends.

　　⇒ **Did you teach** her Korean at a cafe on weekends?
　　당신은 주말마다 카페에서 그녀에게 한국어를 가르쳤나요?

09. I cooked Korean food for her.

　　⇒ **Did you cook** Korean food for her?
　　당신은 그녀를 위해 한국 음식을 요리했나요?

10. I made her laugh a lot.

⇒ **Did you make** her laugh a lot? 당신은 그녀를 많이 웃게 만들었나요?

이때 과거 시제는 did가 이미 나타내 주기 때문에 주어 다음의 일반 동사는 과거형으로 쓰지 않고 반드시 동사원형으로 써야 합니다.

Did you *lived* in LA? [X] [lived → live]
Did you *went* to college? [X] [went → go]
Did you *studied* history there? [X] [studied → study]

문장 뜯어 보기 🔍

were
be동사 are의 과거형입니다. '워ㄹ'라고 발음해요.

You <u>were</u> good-looking. 당신은 잘생겼었어요. [지금은 아니란 뜻]

did
일반 동사의 의문문과 부정문을 만들 때 사용하는 do·does의 과거형입니다.

<u>Did</u> you love me? 당신은 저를 사랑했었나요?

영어는 '반복학습'이 중요하다

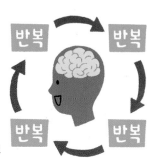

학습의 기본은 '반복'입니다.

최근 학습에 관련해서
인간의 뇌를 연구한 결과에 따르면,
시간을 오래 들여서 한 번 보는 것보다는
처음에 볼 때 잘 이해가 안 되는 것은 넘어가더라도
되풀이해서 보는 것이 훨씬 효과적이라고 합니다.

왜냐하면 우리 뇌는 모든 걸 한 번에 기억하지 않는다고 해요.
머리에 들어온 정보가 진짜 중요한 정보인지
한 번에 판단이 안 된다는 거죠.
그래서 한 번 본 정보를 반복해서 다시 보지 않으면
그냥 뇌에 잠시 머물다가 사라진다고 합니다.

하지만 같은 정보라도 여러 번 반복하면,
뇌에서 그 정보는 중요한 정보라 파악하고
장기기억장치에 넣어서 오랫동안 기억이 나도록 한다는군요.

많은 분들이 이렇게 말씀하시는 걸 듣습니다.
'나이가 들어서 그런지 외워도 자꾸 까먹어요.'

나이에 전혀 상관이 없는 것은 아니겠지만,
외운 것을 반복하지 않으면 까먹게 되는 것은 당연한 현상입니다.

배운 내용을 주기적으로 '반복학습' 하는 것,
영어를 잘할 수 있는 가장 중요한 방법입니다.

01. 당신은 지니였나요?

02. 당신은 21살이었나요?

03. 당신은 행복했나요?

04. 당신은 LA에 살았나요?

05. 당신은 대학에 다녔나요?

01. Were you Genie?

02. Were you 21?

03. Were you happy?

04. Did you live in LA?

05. Did you go to college?

06. 당신은 거기에서 역사를 공부했나요?

07. 당신은 일주일에 한 번 여자친구를 만났나요?

08. 당신은 주말마다 카페에서 그녀에게 한국어를 가르쳤나요?

09. 당신은 그녀를 위해 한국 음식을 요리했나요?

10. 당신은 그녀를 많이 웃게 만들었나요?

06. Did you study history there?

07. Did you see your girlfriend once a week?

08. Did you teach her Korean at a cafe on weekends?

09. Did you cook Korean food for her?

10. Did you make her laugh a lot?

08

과거 시제 부정문

부정문 만들기 세 번째 도전입니다.
이전에 부정문을 만들었던 방법과 다르지 않아요.
동사에 not을 붙여 주고, be동사와 do동사 모두 축약형이 자주 쓰입니다.

I was Tony. 저는 토니였어요.

I was(n't) Tony. 저는 토니가 아니였어요.

I loved you. 저는 당신을 사랑했어요.

I (didn't) love you. 저는 당신을 사랑하지 않았어요.

과거 시제 부정문 만들기

be동사는 과거형 was 다음에 not을 붙여 부정문을 만들어요.
was not은 보통 축약형 wasn't로 많이 씁니다.

01. I <u>was</u> Genie. ⇒ I **wasn't**(= was not) Genie. 저는 지니가 아니었어요.

02. I <u>was</u> 21. ⇒ I **wasn't**(= was not) 21. 저는 21살이 아니었어요.

03. I <u>was</u> happy. ⇒ I **wasn't**(= was not) happy. 저는 행복하지 않았어요.

일반 동사는 do의 과거형인 did를 써서 did not 또는 축약형인 didn't로 부정문을 나타냅니다.

04. I <u>lived</u> in LA.
⇒ I **didn't**(= did not) **live** in LA. 저는 LA에 살지 않았어요.

05. I <u>went</u> to college.
⇒ I **didn't**(= did not) **go** to college. 저는 대학에 다니지 않았어요.

06. I <u>studied</u> history there.
⇒ I **didn't**(= did not) **study** history there.
저는 거기에서 역사를 공부하지 않았어요.

07. I <u>saw</u> my girlfriend once a week.
⇒ I **didn't**(= did not) **see** my girlfriend once a week.
저는 일주일에 한 번 여자친구를 만나지 않았어요.

08. I <u>taught</u> her Korean at a cafe on weekends.
⇒ I **didn't**(= did not) **teach** her Korean at a cafe on weekends.
저는 주말마다 카페에서 그녀에게 한국어를 가르치지 않았어요.

09. I <u>cooked</u> Korean food for her.

⇒ I **didn't**(= did not) **cook** Korean food for her.

저는 그녀를 위해 한국 음식을 요리하지 않았어요.

10. I <u>made</u> her laugh a lot.

⇒ I **didn't**(= did not) **make** her laugh a lot.

저는 그녀를 많이 웃게 만들지 않았어요.

did를 써서 부정문을 나타낼 때도 **did 뒤에 오는 일반 동사는 -ed나 불규칙 동사 과거형을 쓰지 않고 동사원형을 써야 합니다.**

I didn't *lived* in LA. [X] [lived → live]

I didn't *went* to college. [X] [went → go]

I didn't *studied* history there. [X] [studied → study]

영어, 좀 틀려도 된다

독일 프랑크푸르트에서 열리는 전시회에
대기업 회장님의 통역사로 따라간 적이 있습니다.

그때 있었던 작은 에피소드 하나.
회장님과 어떤 미국 회사의 부스를 방문하게 되었습니다.
회장님께서 영어는 잘 못하셔서 상담은 주로 제가 진행을 했어요.

그런데 어떤 미국인 친구가
회장님께 냉큼 다가가서 인사를 건네는 겁니다.
Nice to meet you. 라고 말이죠.

급당황하신 회장님의 답변, Thank you!
기상천외한 답변에 애매한 표정을 짓던
미국인 편집자의 모습이 아직도 기억에 남네요.

물론 회장님께서 Nice to meet you, too.라고 답변하는 걸 모르시진 않았겠죠.
당연히 잘 안다고 생각하는 쉬운 표현도 때론 잘 생각이 안 나거나,
당황하여 무심코 틀린 표현이 툭 튀어나오는 경우도 많습니다.

하지만 의사 소통은 전체적인 맥락이 중요하기 때문에 실수를 하거나 틀린 표현을
말했다고 해서 대화를 아예 망치는 건 아니에요. 오히려 실수에 너무 집착하지 않는
대범함이 필요합니다.

영어, 잘하면 좋지만 못한다고 너무 주눅 들지 마세요. 좀 틀려도 괜찮습니다. 영어
는 우리 모국어가 아니니까요.

01. 저는 지니가 아니었어요.

02. 저는 21살이 아니었어요.

03. 저는 행복하지 않았어요.

04. 저는 LA에 살지 않았어요.

05. 저는 대학에 다니지 않았어요.

01. I wasn't Genie.

02. I wasn't 21.

03. I wasn't happy.

04. I didn't live in LA.

05. I didn't go to college.

06. 저는 거기에서 역사를 공부하지 않았어요.

07. 저는 일주일에 한 번 여자친구를 만나지 않았어요.

08. 저는 주말마다 카페에서 그녀에게 한국어를 가르치지 않았어요.

09. 저는 그녀를 위해 한국 음식을 요리하지 않았어요.

10. 저는 그녀를 많이 웃게 만들지 않았어요.

06. I didn't study history there.

07. I didn't see my girlfriend once a week.

08. I didn't teach her Korean at a cafe on weekends.

09. I didn't cook Korean food for her.

10. I didn't make her laugh a lot.

09

3인칭 단수 과거 시제 기본문

3인칭 단수 동사의 과거 시제는 일반 주어일 때 동사의 과거 시제와 표현방식이 같습니다.

주어가 3인칭 단수이고 현재 시제일 때는 동사에 -(e)s를 붙인다고 했죠?

하지만 과거 시제는 인칭에 상관없이 동일한 형태로 써요.

He is Tony. 그는 토니예요.

He was Tony. 그는 토니였어요.

He loves you. 그는 당신을 사랑해요.

He loved you. 그는 당신을 사랑했어요.

3인칭 단수 과거 시제 기본문 만들기

주어가 3인칭 단수이고 현재 시제인 경우 be동사는 is를 쓰죠.

과거 시제는 is를 과거형 was로 바꿔주면 됩니다.

01. He <u>is</u> Genie.　　⇒ He **was** Genie.　그는 지니였어요.
02. He <u>is</u> 21.　　　⇒ He **was** 21. 그는 21살이었어요.
03. He <u>is</u> happy.　　⇒ He **was** happy.　그는 행복했어요.

일반 동사의 과거 시제는 동사의 과거형으로 나타냅니다.
현재 시제의 경우 3인칭 단수 동사의 형태가 따로 있지만 과거 시제는 모두 동일해요.

04. He <u>lives</u> in LA.
　　⇒ He **lived** in LA.　그는 LA에 살았어요.

05. He <u>goes</u> to college.
　　⇒ He **went** to college.　그는 대학에 다녔어요.

06. He <u>studies</u> history there.
　　⇒ He **studied** history there.　그는 거기에서 역사를 공부했어요.

07. He <u>sees</u> his girlfriend once a week.
　　⇒ He **saw** his girlfriend once a week.
　　　그는 일주일에 한 번 여자친구를 만났어요.

08. He <u>teaches</u> her Korean at a cafe on weekends.
　　⇒ He **taught** her Korean at a cafe on weekends.
　　　그는 주말마다 카페에서 그녀에게 한국어를 가르쳤어요.

09. He <u>cooks</u> Korean food for her.

    ⇒ He **cooked** Korean food for her.

       그는 그녀를 위해 한국 음식을 요리했어요.

10. He <u>makes</u> her laugh a lot.

    ⇒ He **made** her laugh a lot. 그는 그녀를 많이 웃게 만들었어요.

이때 주의할 점은 기본문의 경우 **do·does**의 과거형인 **did**를 사용해서 과거 시제를 나타내서는 안 된다는 것이에요.

He *did* lived in LA. [X] [did 삭제]
He *did* went to college. [X] [did 삭제]

학창시절처럼 영어공부하지 마세요

영어를 공부하는 방법은 2가지가 있습니다.
수동적 학습(receptive learning)과 능동적 학습(productive learning)이죠.

수동적 학습은 여러분들이 학창시절부터 익숙한 학습방식입니다.
문법을 익히고, 영어로 된 글을 이해하는데 필요한 방법이죠.
반면 능동적 학습은 영어로 말을 하고,
글로 표현할 때 필요한 학습방식입니다.

여러분은 학창시절 주로 수동적 학습을 했습니다.
하지만 이 방식으로는 영어를 표현하는데 한계가 분명합니다.
배운 것을 수동적으로 이해하고 암기하는 것과
능동적으로 이를 사용하는 것은 전혀 다르기 때문이죠.

지금부터 영어를 공부하실 때는
단순히 이해하고 암기하는 것을 넘어
직접 사용하는 훈련을 하세요.

가장 좋은 방법은 원어민과 직접 접하는 것이겠지만
비용이나 시간적인 여건 때문에 쉽지 않다면
'휴대폰 암기카드 앱'을 활용해 보세요.

휴대폰 앱 스토어에서 '지니의 영어방송국'으로 검색해서
암기카드 앱을 설치하시고, 자투리 시간을 이용해서
우리말을 보고 영어로 표현하는 훈련을 꾸준히 하시면
말하기와 쓰기에 큰 도움이 되실 겁니다.

01. 그는 지니였어요.

02. 그는 21살이었어요.

03. 그는 행복했어요.

04. 그는 LA에 살았어요.

05. 그는 대학에 다녔어요.

01. He was Genie.

02. He was 21.

03. He was happy.

04. He lived in LA.

05. He went to college.

06. 그는 거기에서 역사를 공부했어요.

07. 그는 일주일에 한 번 여자친구를 만났어요.

08. 그는 주말마다 카페에서 그녀에게 한국어를 가르쳤어요.

09. 그는 그녀를 위해 한국 음식을 요리했어요.

10. 그는 그녀를 많이 웃게 만들었어요.

다음 영어 표현을
소리 내어 말해보세요.

06. He studied history there.

07. He saw his girlfriend once a week.

08. He taught her Korean at a cafe on weekends.

09. He cooked Korean food for her.

10. He made her laugh a lot.

10

3인칭 단수 과거 시제 의문문

3인칭 단수 동사의 과거 시제 의문문은 일반 주어일 때 동사의 과거 시제 의문문과 표현방식이 같습니다.

현재형처럼 동사에 - (e)s를 붙이지 않고 인칭에 상관없이 같은 형태의 과거 시제를 씁니다. 그리고 의문문의 형태, 즉 [동사 + 주어]로 나타냅니다.

He was Tony. 그는 토니였어요.

Was he Tony? 그는 토니였나요?

He loved you. 그는 당신을 사랑했어요.

Did he love you? 그는 당신을 사랑했나요?

3인칭 단수 과거 시제 의문문 만들기

주어가 3인칭 단수이므로 알맞은 과거형 be동사의 형태는 was입니다.
일반 동사는 과거형이 하나이지만 be동사는 주어가 단수일 때는 was, 복수일 때는 were를 써요.

의문문을 만들기 위해 동사 was를 주어 앞으로 보냅니다.

01. He was Genie. ⇒ **Was he** Genie? 그는 지니였나요?
02. He was 21.   ⇒ **Was he** 21? 그는 21살이었나요?
03. He was happy. ⇒ **Was he** happy? 그는 행복했나요?

일반 동사의 경우 인칭에 관계없이 do·does의 과거형 did를 주어 앞으로 내보내요.

04. He lived in LA.
    ⇒ **Did he live** in LA? 그는 LA에 살았나요?

05. He went to college.
    ⇒ **Did he go** to college? 그는 대학에 다녔나요?

06. He studied history there.
    ⇒ **Did he study** history there? 그는 거기에서 역사를 공부했나요?

07. He saw his girlfriend once a week.
    ⇒ **Did he see** his girlfriend once a week?
       그는 일주일에 한 번 여자친구를 만났나요?

08. He taught her Korean at a cafe on weekends.
    ⇒ **Did he teach** her Korean at a cafe on weekends?
       그는 주말마다 카페에서 그녀에게 한국어를 가르쳤나요?

09. He cooked Korean food for her.

⇒ **Did he cook** Korean food for her?

그는 그녀를 위해 한국 음식을 요리했나요?

10. He made her laugh a lot.

⇒ **Did he make** her laugh a lot? 그는 그녀를 많이 웃게 만들었나요?

왜 내가 말한 영어를 못 알아들을까?

단어도 제대로 쓰고, 문법이 틀린 것도 아닌데
원어민이 내가 한 영어를 못 알아들을 때가 있죠.
그 대표적인 이유로 '단어의 발음'을 들 수 있습니다.

단어의 발음 중에서도 특히 '강세'가 중요해요.
우리말은 단어의 강세가 따로 없고,
강세를 달리하더라도 단어를 이해하는데 큰 문제가 되지 않습니다.

예를 들어 유명한 햄버거 체인인 맥도날드(McDonald's)는
우리말로는 어느 글자에 강세를 줘도 이해할 수 있어요.
맥도날드, 맥**도**날드, 맥도**날**드, 맥도날**드**

하지만 영어로는
강세가 두 번째 음절인 - Do-에 있기 때문에
/맥도날드/가 아니라
거의 /먹**다**널ㅈ/ 정도로 발음됩니다.

이처럼 영어는 강세에 따라
발음이 완전히 달라지는 경우가 많기 때문에
우리가 영어 단어를 암기할 때는
꼭 강세에 주목할 필요가 있습니다.

01. 그는 지니였나요?

02. 그는 21살이었나요?

03. 그는 행복했나요?

04. 그는 LA에 살았나요?

05. 그는 대학에 다녔나요?

01. Was he Genie?

02. Was he 21?

03. Was he happy?

04. Did he live in LA?

05. Did he go to college?

06. 그는 거기에서 역사를 공부했나요?

07. 그는 일주일에 한 번 여자친구를 만났나요?

08. 그는 주말마다 카페에서 그녀에게 한국어를 가르쳤나요?

09. 그는 그녀를 위해 한국 음식을 요리했나요?

10. 그는 그녀를 많이 웃게 만들었나요?

06. Did he study history there?

07. Did he see his girlfriend once a week?

08. Did he teach her Korean at a cafe on weekends?

09. Did he cook Korean food for her?

10. Did he make her laugh a lot?

11

3인칭 단수 과거 시제 부정문

3인칭 단수 과거 시제의 부정문은 일반 주어일 때 동사의 과거 시제 부정문과 표현방식이 같습니다. 즉, 과거형 be동사나 did 뒤에 not을 써 주죠.

He was Tony. 그는 토니였어요.

He **was**n't Tony. 그는 토니가 아니었어요.

He loved you. 그는 당신을 사랑했어요.

He **didn't** love you. 그는 당신을 사랑하지 않았어요.

3인칭 단수 과거 시제 부정문 만들기

be동사의 경우 주어가 3인칭 단수이므로 단수형 동사 is의 과거형 was를 쓰고 다음에 not을 붙여 표현합니다. 축약형은 wasn't이고요.

01. He was Genie. ⇒ He **wasn't**(= was not) Genie. 그는 지니가 아니었어요.

02. He <u>was</u> 21. ⇒ He **wasn't**(= was not) 21. 그는 21살이 아니었어요.
03. He <u>was</u> happy. ⇒ He **wasn't**(= was not) happy. 그는 행복하지 않았어요.

일반 동사는 do·does의 과거형 did에 not을 결합하여 부정문을 표현하세요.

04. He <u>lived</u> in LA.
   ⇒ He **didn't**(= did not) **live** in LA. 그는 LA에 살지 않았어요.

05. He <u>went</u> to college.
   ⇒ He **didn't**(= did not) **go** to college. 그는 대학에 다니지 않았어요.

06. He <u>studied</u> history there.
   ⇒ He **didn't**(= did not) **study** history there.
   그는 거기에서 역사를 공부하지 않았어요.

07. He <u>saw</u> his girlfriend once a week.
   ⇒ He **didn't**(= did not) **see** his girlfriend once a week.
   그는 일주일에 한 번 여자친구를 만나지 않았어요.

08. He <u>taught</u> her Korean at a cafe on weekends.
   ⇒ He **didn't**(= did not) **teach** her Korean at a cafe on weekends.
   그는 주말마다 카페에서 그녀에게 한국어를 가르치지 않았어요.

09. He <u>cooked</u> Korean food for her.
   ⇒ He **didn't**(= did not) **cook** Korean food for her.
   그는 그녀를 위해 한국 음식을 요리하지 않았어요.

10. He <u>made</u> her laugh a lot.

   ⇒ He **didn't**(= did not) **make** her laugh a lot.

     그는 그녀를 많이 웃게 만들지 않았어요.

did를 써서 부정문을 표현할 때 did뒤에 오는 일반 동사는 -ed나 불규칙동사 과거형을 쓰지 않고 인칭에 상관없이 반드시 동사원형을 씁니다.

He didn't *lived* in LA. [X] [lived → live]

He didn't *went* to college. [X] [went → go]

He didn't *studied* history there. [X] [studied → study]

외국인이 한국어 잘하는 법을 묻는다면?

저는 "어떻게 하면 영어를 잘할 수 있어요?"란
질문을 자주 받습니다.

그런 질문을 받을 때마다 이렇게 되묻곤 해요.
'만약 외국인이 한국어 잘하는 법을 묻는다면
어떻게 답하시겠어요?'

자, 여러분이라면 어떻게 답을 주시겠습니까?
"듣기가 제일 중요하죠. 한국 드라마나 영화를 매일 보세요."
"좋아하는 BTS의 노래로 공부해 보는 건 어때요?"
"한국어 교재를 사서 기초부터 차근차근 공부하세요."

어쩌면 상대방이 이런 질문을 다시 할지도 모르겠습니다.
"그럼 얼마나 하면 한국어를 잘할 수 있을까요?"

이 질문에 혹시 이렇게 답하진 않으시겠죠?
"하루에 10분씩 6개월이면 유창해질 거예요."

여러분이 생각하는 한국어를 잘하는 방법을
그대로 영어에 대입해서 한 번 생각해 보세요.
아마도 우리말이든 영어든
별다른 노력 없이, 짧은 기간에 잘할 수 있는
그런 마법 같은 방법은 절대 없을 겁니다.

01. 그는 지니가 아니었어요.

02. 그는 21살이 아니었어요.

03. 그는 행복하지 않았어요.

04. 그는 LA에 살지 않았어요.

05. 그는 대학에 다니지 않았어요.

01. He wasn't Genie.

02. He wasn't 21.

03. He wasn't happy.

04. He didn't live in LA.

05. He didn't go to college.

06. 그는 거기에서 역사를 공부하지 않았어요.

07. 그는 일주일에 한 번 여자친구를 만나지 않았어요.

08. 그는 주말마다 카페에서 그녀에게 한국어를 가르치지 않았어요.

09. 그는 그녀를 위해 한국 음식을 요리하지 않았어요.

10. 그는 그녀를 많이 웃게 만들지 않았어요.

06. He didn't study history there.

07. He didn't see his girlfriend once a week.

08. He didn't teach her Korean at a cafe on weekends.

09. He didn't cook Korean food for her.

10. He didn't make her laugh a lot.

12

의문사 의문문

지금까지 10개의 기본 문장을 의문문, 부정문, 과거형 등으로 다양하게 변형해 보았습니다. 이제부터는 조금 더 복잡한 형태로 활용해 보려고 합니다.

먼저 의문사를 포함한 의문문에 대해 알아볼게요.

영어에는 6개의 의문사가 있습니다.
우리가 학창시절에 6하 원칙(누가, 무엇을, 언제, 어디에, 왜, 어떻게)이라고 배운 녀석들입니다.

who   누가
what   무엇을
when   언제
where   어디에
why   왜
how   어떻게

우리말에서 의문사는 문장에서의 위치가 자유로운 편이에요. 문장의 처음이나 중간, 어디에나 올 수 있죠.

<u>어디에</u> 당신은 살아요? = 당신은 <u>어디에</u> 살아요?

하지만 **영어에서 의문사는 무조건 문장의 맨 처음에 옵니다.**
그리고 의문사 뒤에는 보통 '의문문 어순', 즉 [동사 + 주어]의 어순이 됩니다.

Where (어디에 - 의문사) + **Do you live?** (당신은 사나요? - 의문문)
⇒ Where do you live? 당신은 어디에 사나요?

의문사 의문문 만들기

이제 10개의 기본 문장을 활용해서 의문사를 포함한 의문문을 만들어볼게요.
앞서 배운 기본 문장들은 이 의문문들에 대한 답변이 됩니다.

01. 의문사 Who + 의문문 Are you?
   ⇒ **Who** are you? 당신은 누구죠?

02. 의문사 How + 형용사 old + 의문문 Are you?
   ⇒ **How old** are you? 당신은 몇 살인가요?

의문사 how가 뒤에 형용사나 부사와 함께 쓰이면 '얼마나 (~)'로 해석합니다.

how + 형용사 ··· how old 얼마나 나이 든
   how long 얼마나 긴
how + 부사 ··· how often 얼마나 자주
   how far 얼마나 멀리

03. 의문사 Why + 의문문 Are you happy?

⇒ **Why** are you happy? 당신은 왜 행복한가요?

04. 의문사 Where + 의문문 Do you live?

⇒ **Where** do you live? 당신은 어디에 사나요?

05. 의문사 Which + 명사 college + 의문문 Do you go to?

⇒ **Which college** do you go to? 당신은 어느 대학에 다니나요?

의문사 which는 what과 쓰임이 비슷합니다. 단독으로 쓰일 때는 '어느 것'
이란 뜻이지만 뒤에 명사가 와서 함께 쓰일 때는 '어느 (~)'란 뜻이에요.

| which college | 어느 대학 | which way | 어느 쪽 |
| which team | 어느 팀 | which hotel | 어느 호텔 |

06. 의문사 What + 의문문 Do you study there?

⇒ **What** do you study there? 당신은 거기에서 무엇을 공부하나요?

07. 의문사 How + 부사 often + 의문문 Do you see your girlfriend?

⇒ **How often** do you see your girlfriend?
당신은 얼마나 자주 여자친구를 만나나요?

08. 의문사 When + 의문문 Do you teach her Korean at a cafe?

⇒ **When** do you teach her Korean at a cafe?
당신은 언제 카페에서 그녀에게 한국어를 가르치나요?

09. 의문사 What +명사 food + 의문문 Do you cook for her?

⇒ **What food** do you cook for her?

당신은 그녀를 위해 어떤 음식을 만드나요?

의문사 what 다음에 명사(food, 음식)가 오면 '무슨 ~ ' 또는 '어떤 ~'으로 해석합니다. what food는 '무슨[어떤] 음식'이죠.

10. 의문사 Who + 의문문 Do you make laugh a lot?

⇒ **Who** do you make laugh a lot?

당신은 누구를 많이 웃게 만드나요?

의문사를 활용한 의문문은 상당히 까다롭습니다.

하지만 우리의 일상 대화 대부분이 질문(의문문)과 답변으로 이루어져 있는 만큼 정말 자주 쓰게 되죠. 따라서 의문사가 쓰인 의문문 역시 바로바로 영어로 튀어나올 수 있을 정도로 지금 배운 문장들을 무수히 말해 보는 훈련을 하시면 좋겠습니다.

기본 문장과 의문사 의문문을 대화로 한번 구성해 볼게요.

A: **Who** are you? 당신은 누구죠?

B: I am Genie. 저는 지니예요.

A: **How old** are you? 당신은 몇 살인가요?

B: I am 21. I am happy. 저는 21살이에요. 저는 행복해요.

A: **Why** are you happy? 당신은 왜 행복한가요?

B: Because you are with me. 왜냐하면 당신이 저와 함께 있으니까요.

A: **Where** do you live? 당신은 어디에 사나요?

B: I live in LA. I go to college. 저는 LA에 살아요. 저는 대학에 다녀요.

A: **Which college** do you go to? 당신은 어느 대학에 다니나요?

B: I go to UCLA. UCLA에 다녀요.

A: **What** do you study there? 당신은 거기에서 무엇을 공부하나요?

B: I study history there. 저는 거기에서 역사를 공부해요.

A: **How often** do you see your girlfriend?

   당신은 얼마나 자주 여자친구를 만나나요?

B: I see my girlfriend once a week. 저는 일주일에 한 번 여자친구를 만나요.

A: **When** do you teach her Korean at a cafe?

   당신은 언제 카페에서 그녀에게 한국어를 가르치나요?

B: I teach her Korean at a cafe on weekends.

   저는 주말마다 카페에서 그녀에게 한국어를 가르쳐요.

A: **What food** do you cook for her? 당신은 그녀를 위해 어떤 음식을 만드나요?

B: I cook Korean food for her. 저는 그녀를 위해 한국 음식을 요리해요.

A: **Who** do you make laugh a lot? 당신은 누구를 많이 웃게 만드나요?

B: I make her laugh a lot. 저는 그녀를 많이 웃게 만들어요.

영어를 잘하려면 '단어 블록'을 많이 외우세요

영어를 잘하기 위한 가장 좋은 방법으로 많은 언어학자들은 원어민들이 자주 쓰는
'단어 블록(chunk)'을 위주로 암기할 것을 권하고 있습니다.

'단어 블록'의 예를 들어 보게요.
Can I call you back in a minute?
제가 잠시 후에 전화해도 될까요?

위 문장에는 3개의 단어 묶음이 있습니다.
Can I ...? ~해도 될까요?
call ... back ~에게 다시 전화하다
in a minute 잠시 후에

하나만 더 예를 들어 볼까요?
Why don't we take a break?
우리 잠깐 쉴까요?

위 문장에서는 2개의 단어 묶음이 보이네요.
Why don't we ...? 우리 ~할까요?
take a break 잠깐 쉬다

이처럼 단어 블록 단위로 암기를 하면
표현 단위로 암기하는 것보다 부담이 덜할 뿐 아니라
마치 레고 놀이를 하듯, 단어 블록을 이용해서
다양한 문장을 만들어 낼 수 있는 장점이 있습니다.

앞으로 영어를 공부할 때 표현 속에 보석처럼 숨어 있는 많은 단어 블록들을
꼭 여러분의 것으로 만드시길 바랍니다.

다음 우리말을
영어로 말해보세요.

01. 당신은 누구죠?

02. 당신은 몇 살인가요?

03. 당신은 왜 행복한가요?

04. 당신은 어디에 사나요?

05. 당신은 어느 대학에 다니나요?

01. Who are you?

02. How old are you?

03. Why are you happy?

04. Where do you live?

05. Which college do you go to?

06. 당신은 거기에서 무엇을 공부하나요?

07. 당신은 얼마나 자주 여자친구를 만나나요?

08. 당신은 언제 카페에서 그녀에게 한국어를 가르치나요?

09. 당신은 그녀를 위해 어떤 음식을 만드나요?

10. 당신은 누구를 많이 웃게 만드나요?

06. What do you study there?

07. How often do you see your girlfriend?

08. When do you teach her Korean at a cafe?

09. What food do you cook for her?

10. Who do you make laugh a lot?

13

조동사 will

앞에서 동사의 현재와 과거를 나타내는 방법에 대해 공부했습니다.
이번에는 미래 표현을 배워볼게요.

**미래에 일어날 일에 대해 말하고 싶을 때는 동사는 그대로 두고 동사 앞에
조동사 will을 써 줍니다.**
조동사는 be동사나 일반 동사 앞에 쓰여서 동사에 특정한 의미를 더해주는
역할을 해요. 조동사 will은 '~할 것이다'의 뜻으로 동사에 '미래'의 의미를
더해 줍니다.

I <u>eat</u> breakfast. 저는 아침을 먹어요.

I will eat breakfast. 저는 아침을 먹을 거예요.

조동사는 항상 동사 앞에 쓰이며, 주어가 3인칭 단수이더라도 -(e)s를 붙이
지 않아요.

He *wills* eat breakfast. [X] [wills → will]

또, 조동사 will 다음에는 반드시 동사원형이 와요.

He will *eats* breakfast. [X] [eats → eat]

10개의 기본 문장을 미래형으로 표현해 보겠습니다.

b동사 am, are, is의 동사원형은 be입니다. 따라서 **조동사 will을 먼저 쓰고 뒤에는 원형인 be를 씁니다.**

01. I am Genie.   ⇒ I **will be** Genie. 저는 지니가 될 거예요.
02. I am 21.   ⇒ I **will be** 21. 저는 21살이 될 거예요.
03. I am happy.   ⇒ I **will be** happy. 저는 행복해질 거예요.

일반 동사도 원형 동사 앞에 will을 써 주면 되죠.

04. I live in LA.
    ⇒ I **will live** in LA. 저는 LA에 살 거예요.

05. I go to college.
    ⇒ I **will go** to college. 저는 대학에 다닐 거예요.

06. I study history there.
    ⇒ I **will study** history there. 저는 거기에서 역사를 공부할 거예요.

07. I <u>see</u> my girlfriend once a week.

    ⇒ I **will see** my girlfriend once a week.

       저는 일주일에 한 번 여자친구를 만날 거예요.

08. I <u>teach</u> her Korean at a cafe on weekends.

    ⇒ I **will teach** her Korean at a cafe on weekends.

       저는 주말마다 카페에서 그녀에게 한국어를 가르칠 거예요.

09. I <u>cook</u> Korean food for her.

    ⇒ I **will cook** Korean food for her.

       저는 그녀를 위해 한국 음식을 요리할 거예요.

10. I <u>make</u> her laugh a lot.

    ⇒ I **will make** her laugh a lot 저는 그녀를 많이 웃게 만들 거예요.

수영 배우기와 영어 공부하기

초등학교 때 방학이 되면
친할머니 댁이 있는 제주도 어느 바닷가에서
여름 내내 수영을 하며 놀았습니다.

그 때 바닷가에서 열심히 놀았던 덕인지
물에 빠져도 살아남을 수 있을 정도의
수영 실력은 갖게 되었습니다.

어릴 때 수영을 자연스럽게 배웠던 것처럼
영어를 배울 수 있으면 얼마나 좋을까요?
그저 재미있게 놀면서 자연스럽게 익힐 수 있을 테니까요.

하지만 그렇게 익힌 수영이 단점도 있습니다.
물에는 잘 떠있을지 몰라도
수영하는 모양새도 어색하고, 앞으로 잘 나가지도 못하거든요.

어쩌면 재미는 좀 덜할지 몰라도
동네 수영장에서 전문가 선생님에게
처음부터 차근차근 배웠으면 어땠을까 싶습니다.

영어 공부도 수영을 익히는 것과
비슷하지 않을까 싶어요.
재미있게 즐기며 하면 좋지만
때론 조금 지루하더라도 체계적으로
하나씩 익히는 것도 필요하지 않을까 생각합니다.

01. 저는 지니가 될 거예요.

02. 저는 21살이 될 거예요.

03. 저는 행복해질 거예요.

04. 저는 LA에 살 거예요.

05. 저는 대학에 다닐 거예요.

01. I will be Genie.

02. I will be 21.

03. I will be happy.

04. I will live in LA.

05. I will go to college.

06. 저는 거기에서 역사를 공부할 거예요.

07. 저는 일주일에 한 번 여자친구를 만날 거예요.

08. 저는 주말마다 카페에서 그녀에게 한국어를 가르칠 거예요.

09. 저는 그녀를 위해 한국 음식을 요리할 거예요.

10. 저는 그녀를 많이 웃게 만들 거예요.

06. I will study history there.

07. I will see my girlfriend once a week.

08. I will teach her Korean at a cafe on weekends.

09. I will cook Korean food for her.

10. I will make her laugh a lot.

14

조동사 must

앞서 미래 시제를 나타내는 조동사 will 에 대해 배웠습니다.
조동사의 쓰임을 다시 정리해 보면, 조동사는 동사 앞에 씁니다.
그리고 주어가 3인칭 단수이더라도 -(e)s를 붙이지 않으며
조동사 다음에는 반드시 동사원형을 사용해야 합니다.

He will *is* 21. [X] [is → be] 그는 21살이 될 거예요.
He will *lives* in LA. [X] [lives → live] 그는 LA에 살 거예요.

이번에는 조동사 must에 대해 알아볼게요.
조동사 must는 두 개의 뜻을 갖습니다.

(1) ~임에 틀림없다 [추측]
(2) ~해야만 한다 [의무]

He is Tony. 그는 토니예요.

He (must) be Tony. 그는 토니가 틀림없어요.

He <u>studies</u> hard. 그는 공부를 열심히 해요.

He (must) <u>study</u> hard. 그는 공부를 열심히 해야 해요.

문장에서 둘 중에 어떤 뜻으로 쓰였는지는 문맥에 따라 판단해야 해요.

조동사 must을 활용해 문장 만들기

must가 추측의 뜻으로 쓰일 때는 '~임에 틀림없다'로 해석합니다.

01. He <u>is</u> Genie.　⇒ He **must be** Genie. 그는 지니가 틀림없어요.

02. He <u>is</u> 21.　⇒ He **must be** 21. 그는 21살이 틀림없어요.

03. He <u>is</u> happy.　⇒ He **must be** happy. 그는 행복한 게 틀림없어요.

04. He <u>lives</u> in LA.　⇒ He **must live** in LA. 그는 LA에 사는 게 틀림없어요.

05. He <u>goes</u> to college.

　　⇒ He **must go** to college. 그는 대학에 다니는 게 틀림없어요.

must가 의무의 뜻으로 쓰이면 '~해야 한다'로 해석합니다.
또한 must 뒤에 not을 붙여서 부정문으로 만들면 '~하면 안 된다'는 '강한
금지'를 나타내죠. must not 다음에도 동사원형을 씁니다.

06. He <u>studies</u> history there.

　　⇒ He **must not study** history there.

　　　그는 거기에서 역사를 공부하면 안 돼요.

07. He <u>sees</u> his girlfriend once a week.

⇒ He **must not see** his girlfriend once a week.

그는 일주일에 한 번 여자친구를 만나면 안 돼요.

08. He <u>teaches</u> her Korean at a cafe on weekends.

⇒ He **must not teach** her Korean at a cafe on weekends.

그는 주말마다 카페에서 그녀에게 한국어를 가르치면 안 돼요.

09. He <u>cooks</u> Korean food for her.

⇒ He **must not cook** Korean food for her.

그는 그녀를 위해 한국 음식을 요리하면 안 돼요.

10. He <u>makes</u> her laugh a lot.

⇒ He **must not make** her laugh a lot.

그는 그녀를 많이 웃게 만들면 안 돼요.

이제 영어는 '세계어'예요

우리는 어릴 때부터 주로 '미국식 영어'를 배워왔습니다.
하지만 이미 영어는 세계 공용어로 쓰이고 있기 때문에
미국식 영어만 고집하는 것은 시대 추세에 맞지 않아요.

예를 들어 예전에는 한국에서만 쓰는
어색한 영어표현을
콩글리시(Konglish)란 말로 다소 비하했다면
요즘은 '콩글리시'란 표현 대신
Korean English란 말을 써요.

한국 문화권에서 사용되는 영어를
'틀린 것'이 아니라 '다른 것'으로 인식하는 것이죠.

심지어 케이뷰티(K-beauty),
한류(hallyu)나 먹방(mukbang) 같은
우리말이 세계에서 가장 유명한
옥스퍼드 영어사전에
새로운 영어 단어로 수록될 정도니까요.

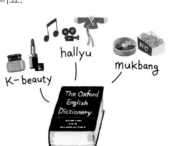

여러분이 영어를 공부하실 때도
충분히 서로 간에 의사소통이 가능한 수준이라면
너무 '미국식 발음', '미국식 표현'에 집착할
필요는 없지 않을까란 생각이 듭니다.

이제 영어는 더 이상 영어권에서 쓰이는 지역어가 아니라
다양한 문화적 배경을 가진 사람들 간의
의사소통을 위한 세계어이니까 말이죠.

01. 그는 지니가 틀림없어요.

02. 그는 21살이 틀림없어요.

03. 그는 행복한 게 틀림없어요.

04. 그는 LA에 사는 게 틀림없어요.

05. 그는 대학에 다니는 게 틀림없어요.

01. He must be Genie.

02. He must be 21.

03. He must be happy.

04. He must live in LA.

05. He must go to college.

06. 그는 거기에서 역사를 공부하면 안 돼요.

07. 그는 일주일에 한 번 여자친구를 만나면 안 돼요.

08. 그는 주말마다 카페에서 그녀에게 한국어를 가르치면 안 돼요.

09. 그는 그녀를 위해 한국 음식을 요리하면 안 돼요.

10. 그는 그녀를 많이 웃게 만들면 안 돼요.

06. He must not study history there.

07. He must not see his girlfriend once a week.

08. He must not teach her Korean at a cafe on weekends.

09. He must not cook Korean food for her.

10. He must not make her laugh a lot.

15

to부정사 (1)

이번에는 영어에서 정말 많이 쓰이는 to부정사에 대해 알아볼게요.
우리말이든 영어든 한 문장에서 '공식적인' 동사는 하나뿐입니다. 그런데
동사에서 비롯되었지만 문장에서 동사가 아닌 다른 쓰임을 갖는 녀석들이
있어요.

우리말을 예로 들면, 문장 끝에 쓰여서 문장을 종결하는 말이 공식적인 동
사입니다.

나는 아파트에 <u>살아</u>. [현재 동사]
나는 아파트에 <u>살았어</u>. [과거 동사]

하지만 '살다'라는 동사가 문장을 종결하는 말로 쓰이지 않을 때도 있습니
다.

아파트에 <u>사는</u> 것은 편해. [명사 '것' 수식]
아파트에 <u>살기 위해</u> 돈을 모았어. ['목적(~하기 위해서)'을 나타내는 부사적 쓰임]

'사는'과 '살기 위해'는 동사적 쓰임이 아닙니다.
**이렇게 '동사 같지만 동사가 아닌' 녀석들을 영어로 표현할 때 동사 앞에 to
를 붙여주고 to부정사라고 부르죠.**

to부정사는 [to + 동사원형]의 형태입니다. 조동사와 마찬가지로 to 다음에는 '동사원형'이 와야 한다는 점을 주의하세요.

to am [X]　→ to be
to lives [X]　→ to live
to went [X]　→ to go

to부정사에 대해서는 공부할 게 좀 많아요. 첫 시간에는 우선 **동사 다음에 와서 '목적어(~을/를)' 역할을 하는 to 부정사**에 대해 공부해 봅시다.

다시 우리말을 먼저 예로 들어 볼게요.

저는 <u>사과</u>를 좋아해요. → 저는 <u>사과 먹는 것</u>을 좋아해요.

앞 문장에서는 '사과'가, 뒤 문장에서는 '사과 먹는 것'이라는 행위가 목적어로 쓰였어요. 영어로는 '사과 먹는 것'이 to 부정사, to eat으로 표현됩니다.

I like <u>apples</u>.　저는 사과를 좋아해요

I like <u>to eat apples</u>.　저는 사과 먹는 것을 좋아해요.

to 부정사를 활용해 문장 만들기 (1)

기본 문장을 활용해 to부정사 쓰기를 연습해 볼게요. 동사 want(원하다) 다음에 기본 문장의 동사를 to부정사로 연결하면 됩니다. 이때 **to 부정사는 동사 want의 목적어가 되고 '~하기를, 하는 것을'로 해석해요.**

01. I want → to be Genie. 나는 원한다 → 지니이기를
    ⇒ I want **to be** Genie. 저는 지니가 되고 싶어요 .

02. I want → to be 21. 나는 원한다 → 21살이기를
    ⇒ I want **to be** 21. 저는 21살이 되고 싶어요.

03. I want → to be happy. 나는 원한다 → 행복하기를
    ⇒ I want **to be** happy. 저는 행복해지고 싶어요.

04. I want → to live in LA. 나는 원한다 → LA에 살기를
    ⇒ I want **to live** in LA. 저는 LA에 살고 싶어요.

05. I want → to go to college. 나는 원한다 → 대학에 다니기를
    ⇒ I want **to go** to college. 저는 대학에 다니고 싶어요.

06. I want → to study history there. 나는 원한다 → 거기에서 역사를 공부하기를
    ⇒ I want **to study** history there. 저는 거기에서 역사를 공부하고 싶어요.

07. I want → to see my girlfriend once a week.
    나는 원한다 → 일주일에 한 번 여자친구를 만나기를
    ⇒ I want **to see** my girlfriend once a week.
       저는 일주일에 한 번 여자친구를 만나고 싶어요.

08. I want → to teach her Korean at a cafe on weekends.
    나는 원한다 → 주말마다 카페에서 그녀에게 한국어를 가르치기를
    ⇒ I want **to teach** her Korean at a cafe on weekends.
       저는 주말마다 카페에서 그녀에게 한국어를 가르치고 싶어요.

09. I want → to cook Korean food for her.

　　나는 원한다 → 그녀를 위해 한국 음식을 요리하기를

　　⇒ I want **to cook** Korean food for her.

　　　저는 그녀를 위해 한국 음식을 요리하고 싶어요.

10. I want → to make her laugh a lot.

　　나는 원한다 → 그녀를 많이 웃게 만들기를

　　⇒ I want **to make** her laugh a lot. 저는 그녀를 많이 웃게 만들고 싶어요.

다음 우리말을
영어로 말해보세요.

01. 저는 지니가 되고 싶어요.

02. 저는 21살이 되고 싶어요.

03. 저는 행복해지고 싶어요.

04. 저는 LA에 살고 싶어요.

05. 저는 대학에 다니고 싶어요.

01. I want to be Genie.

02. I want to be 21.

03. I want to be happy.

04. I want to live in LA.

05. I want to go to college.

06. 저는 거기에서 역사를 공부하고 싶어요.

07. 저는 일주일에 한 번 여자친구를 만나고 싶어요.

08. 저는 주말마다 카페에서 그녀에게 한국어를 가르치고 싶어요.

09. 저는 그녀를 위해 한국 음식을 요리하고 싶어요.

10. 저는 그녀를 많이 웃게 만들고 싶어요.

06. I want to study history there.

07. I want to see my girlfriend once a week.

08. I want to teach her Korean at a cafe on weekends.

09. I want to cook Korean food for her.

10. I want to make her laugh a lot.

16

to부정사 (2)

이번 시간에는 **to부정사가 목적어(~을/를) 다음에 쓰이는 경우**를 알아보겠습니다.

먼저 우리말과 달리 영어는 어순이 고정되어 있기 때문에 마치 바닥을 청소할 때 빗자루로 한 방향으로 쓸어내리는 느낌으로 해석합니다.

I want 나는 원한다
I want → you 나는 너를 원한다
I want you → to be 나는 네가 ~가 되기를 원한다
I want you to be → Tony. 나는 네가 토니가 되기를 원한다.

우리말은 문장 중간에서 단어가 계속 늘어나지만, 영어는 뒤로 단어가 추가되면서 의미가 확장되는 것을 알 수 있어요.

위 문장들에서 동사 want의 대상, 즉 목적어는 you(당신을)입니다. 그런데 마지막 문장처럼 **목적어 you 뒤에 to부정사가 이어지면 you가 to부정사의 의미상 주어 역할을 해요. 즉 you가 '토니가 되는(to be Tony)'** 것이죠.

Step 1에서 기본 문장들을 설명하면서, 영어의 특징 중 하나로 영어는 가까이 있는 녀석들끼리 어울리는 경향이 있다고 말씀 드린 적이 있어요.

I want you to be Tony.에서 to be는 '되는 것'이란 뜻인데, 이때 to be는 주어 I 와 관계가 있는 것이 아니라 가까이 있는 목적어 you와 의미가 연결됩니다. .

다음 두 문장을 비교해 보세요.

I want → to be Tony. 나는 원한다 → 토니이기를
⇒ (I) want <u>to be</u> Tony. 저는 토니가 되기를 바라요.

I want → you to be Tony. 나는 원한다 → 네가 토니이기를
⇒ I want (you) <u>to be</u> Tony. 저는 당신이 토니가 되기를 바라요.

to 부정사를 활용해 문장 만들기 (2)

to 부정사 활용이 쉽지는 않죠? 기본 문장 10개에 적용해 보겠습니다.

01. I want → you to be Genie. 나는 원한다 → 네가 지니가 되는 것을
   ⇒ I want **you to be** Genie. 저는 당신이 지니가 되기를 바라요.

02. I want → you to be 21. 나는 원한다 → 네가 21살이기를
   ⇒ I want **you to be** 21. 저는 당신이 21살이기를 바라요.

03. I want → you to be happy. 나는 원한다 → 네가 행복하기를
   ⇒ I want **you to be** happy. 저는 당신이 행복하기를 바라요.

04. I want → you to live in LA. 나는 원한다 → 네가 LA에 살기를
⇒ I want **you to live** in LA. 저는 당신이 LA에 살기를 바라요.

05. I want → you to go to college. 나는 원한다 → 네가 대학에 다니기를
⇒ I want **you to go** to college. 저는 당신이 대학에 다니길 바라요.

06. I want → you to study history there.
나는 원한다 → 네가 거기에서 역사를 공부하기를
⇒ I want **you to stud**y history there.
저는 당신이 거기에서 역사를 공부하기를 바라요.

07. I want → you to see your girlfriend once a week.
나는 원한다 → 네가 일주일에 한 번 여자친구를 만나기를
⇒ I want **you to see** your girlfriend once a week.
저는 당신이 일주일에 한 번 여자친구를 만나기를 바라요.

08. I want → you to teach her Korean at a cafe on weekends.
나는 원한다 → 네가 주말마다 카페에서 그녀에게 한국어를 가르치기를
⇒ I want **you to teach** her Korean at a cafe on weekends.
저는 당신이 주말마다 카페에서 그녀에게 한국어를 가르치기를 바라요.

09. I want → you to cook Korean food for her.
나는 원한다 → 네가 그녀를 위해 한국 음식을 요리하기를
⇒ I want **you to cook** Korean food for her.
저는 당신이 그녀를 위해 한국 음식을 요리하기를 바라요.

10. I want → you to make her laugh a lot.

　　나는 원한다 → 네가 그녀를 많이 웃게 만들기를

　　⇒ I want **you to make** her laugh a lot.

　　　저는 당신이 그녀를 많이 웃게 만들기를 바라요.

01. 저는 당신이 지니가 되기를 바라요.

02. 저는 당신이 21살이기를 바라요.

03. 저는 당신이 행복하기를 바라요.

04. 저는 당신이 LA에 살기를 바라요.

05. 저는 당신이 대학에 다니길 바라요.

01. I want you to be Genie.

02. I want you to be 21.

03. I want you to be happy.

04. I want you to live in LA.

05. I want you to go to college.

06. 저는 당신이 거기에서 역사를 공부하기를 바라요.

07. 저는 당신이 일주일에 한 번 여자친구를 만나기를 바라요.

08. 저는 당신이 주말마다 카페에서 그녀에게 한국어를 가르치기를 바라요.

09. 저는 당신이 그녀를 위해 한국 음식을 요리하기를 바라요.

10. 저는 당신이 그녀를 많이 웃게 만들기를 바라요.

06. I want you to study history there.

07. I want you to see your girlfriend once a week.

08. I want you to teach her Korean at a cafe on weekends.

09. I want you to cook Korean food for her.

10. I want you to make her laugh a lot.

17

to부정사 (3)

영어는 구조가 한눈에 파악되는 단순한 문장 구조를 선호합니다.
그래서 문장의 주어가 길어지는 것을 피하죠.
이와 달리 우리말은 주어가 길어도 괜찮습니다.

<u>토니가 되는 것</u>은 불가능합니다.

위 문장에서 주어는 '토니가 되는 것'이죠.
영어로도 비슷하게 나타낼 수 있습니다.

<u>To be Tony</u> is impossible.

하지만 영어는 주어가 길면 문장 구조가 복잡해 보이기 때문에 이렇게 긴 주어를 잘 쓰지 않아요. 그래서 **긴 주어는 뒤로 보내 버리고 빈 주어 자리에 대명사 it을 써 줍니다. 그 it이란 녀석을 보통 '가짜 주어(가주어)'라고 불러요.** 그냥 자리만 차지하는 녀석이니 당연히 해석되지 않아요.

To be Genie is impossible

(It)'s impossible <u>to be Genie</u>. **지니가 되는 것은 불가능해요.**

To be 21 is impossible.

(It)'s impossible to be 21. **21살이 되는 것은 불가능해요.**

가짜 주어 it이 쓰인 문장은 대체로 문장 끝에 it이 가리키는 내용, 즉 진짜 주어(진주어)가 나옵니다.

It's hard   그것은 힘들다
It's hard → to live   그것은 힘들다 → 사는 것이
It's hard → to live in LA.   그것은 힘들다 → LA에 사는 것이

It's easy   그것은 쉽다
It's easy → to see my girlfriend   그것은 쉽다 → 여자친구를 만나는 것이
It's easy → to see my girlfriend once a week.
그것은 쉽다 → 일주일에 한 번 여자친구를 만나는 것이

문장이 다짜고짜 it으로 시작을 하면 이것이 무엇을 가리키는지 모호할 수 있지만 한 단어씩 조금 더 문장을 해석해 가다 보면 it이 가리키는 진짜 주어, to 부정사를 만날 수 있습니다.

주로 아래와 같은 형용사가 있는 문장들에 가주어 it과 진주어 to 부정사가 쓰여요.

형용사	의미	예시
possible	가능한	It is possible to~ ~하는 것은 가능하다
impossible	불가능한	It is impossible to~ ~하는 것은 불가능하다
hard	어려운, 힘든	It is hard to~ ~하는 것은 힘들다
easy	쉬운	It is easy to~ ~하는 것은 쉽다

good	좋은	It is good to~ ~하는 것은 좋다

to 부정사를 활용해 문장 만들기(3)

그럼 이제 가짜 주어 it을 활용한 예문을 공부해 볼까요?

01. It's impossible → to be Genie. 그것은 불가능하다 → 지니가 되는 것이
   ⇒ **It**'s impossible **to be** Genie. 지니가 되는 것은 불가능해요.

02. It's impossible → to be 21. 그것은 불가능하다 → 21살이 되는 것이
   ⇒ **It**'s impossible **to be** 21. 21살이 되는 것은 불가능해요.

03. It's hard → to be happy. 그것은 힘들다 → 행복해지는 것이
   ⇒ **It**'s hard **to be** happy. 행복해지기는 힘들어요.

04. It's hard → to live in LA. 그것은 힘들다 → LA에 사는 것이
   ⇒ **It**'s hard **to live** in LA. LA에 살기는 힘들어요.

05. It's possible → to go to college. 그것은 가능하다 → 대학에 다니는 것이
   ⇒ **It**'s possible **to go** to college. 대학에 다니는 것은 가능해요.

06. It's possible to → study history there.
   그것은 가능하다 → 거기에서 역사를 공부하는 것이
   ⇒ **It**'s possible **to study** history there.
   거기에서 역사를 공부하는 것은 가능해요.

07. It's easy → to see my girlfriend once a week.

　　그것은 쉽다 → 일주일에 한 번 여자친구를 만나는 것이

　　⇒ It's _easy_ **to see** my girlfriend once a week.

　　일주일에 한 번 여자친구를 만나는 것은 쉬워요.

08. It's easy → to teach her Korean at a cafe on weekends.

　　그것은 쉽다 → 주말마다 카페에서 그녀에게 한국어를 가르치는 것이

　　⇒ It's _easy_ **to teach** her Korean at a cafe on weekends.

　　주말마다 카페에서 그녀에게 한국어를 가르치는 것은 쉬워요.

09. It's good → to cook Korean food for her.

　　그것은 좋다 → 그녀를 위해 한국 음식을 요리하는 것이

　　⇒ It's _good_ **to cook** Korean food for her.

　　그녀를 위해 한국 음식을 요리하는 것은 좋아요.

10. It's good → to make her laugh a lot.

　　그것은 좋다 → 그녀를 많이 웃게 만드는 것이

　　⇒ It's _good_ **to make** her laugh a lot.

　　그녀를 많이 웃게 만드는 것은 좋아요.

[It's + 형용사 + to부정사] 구문은 원어민들이 대화할 때 정말 자주 사용합니다.

우리말 '**~하는 게 …해요**'에 해당하는 표현이니 꼭 잘 기억해 두세요.

01. 지니가 되는 것은 불가능해요.

02. 21살이 되는 것은 불가능해요.

03. 행복해지기는 힘들어요.

04. LA에 살기는 힘들어요.

05. 대학에 다니는 것은 가능해요.

01. It's impossible to be Genie.

02. It's impossible to be 21.

03. It's hard to be happy.

04. It's hard to live in LA.

05. It's possible to go to college.

06. 거기에서 역사를 공부하는 것은 가능해요.

07. 일주일에 한 번 여자친구를 만나는 것은 쉬워요.

08. 주말마다 카페에서 그녀에게 한국어를 가르치는 것은 쉬워요.

09. 그녀를 위해 한국 음식을 요리하는 것은 좋아요.

10. 그녀를 많이 웃게 만드는 것은 좋아요.

06. It's possible to study history there.

07. It's easy to see my girlfriend once a week.

08. It's easy to teach her Korean at a cafe on weekends.

09. It's good to cook Korean food for her.

10. It's good to make her laugh a lot.

18

동명사

동명사는 이름 그대로 '동사가 명사 역할'을 하는 것입니다.
동명사는 [동사원형 + ing]의 형태로 씁니다.

am, is, are + ing → being
go + ing → going
live + ing → living [단어 끝의 -e를 빼고 -ing을 붙입니다.]

문장에서의 역할은 to부정사의 역할과 비슷해요. 동사 같지만 동사는 아닌
역할이죠.
다른 점은 to부정사는 문장에서 여러 쓰임을 갖는데 비해, 동명사는 오직 동
사가 명사로 된 경우에만 쓸 수 있어요.

예를 들어 우리말의 명사 표현 '살기', '사는 것'과 부사 표현 '살기 위해', 형
용사 표현 '살' 등은 모두 to live로 표현 가능합니다. 하지만 동명사 living은
이 중 명사 표현에만 쓸 수 있어요.

to live 살기, 사는 것 / 살기 위해, 살아서 / 살 등
living 살기, 사는 것

동명사가 주어로 쓰이는 경우, to부정사와 달리 동명사는 문장의 주어 자리

에 그대로 있는 경우가 많아요.

It's impossible <u>to be Genie</u>. [to부정사 주어] 지니가 되는 것은 불가능해요.

<u>Being Genie</u> is impossible. [동명사 주어] 지니가 되는 것은 불가능해요.

It's hard <u>to live in LA</u>. [to 부정사 주어] LA에 사는 것은 힘들어요.

<u>Living in LA</u> is hard. [동명사 주어] LA에 사는 것은 힘들어요.

동명사를 활용해 문장 만들기

동명사 주어는 가짜 주어를 쓰지 않고 주어 자리를 지킵니다.

01. Being Genie → is impossible. 지니가 되는 것은 → 불가능하다
   ⇒ **Being** Genie is impossible. 지니가 되는 것은 불가능해요.

02. Being 21 → is impossible. 21살이 되는 것은 → 불가능하다
   ⇒ **Being** 21 is impossible. 21살이 되는 것은 불가능해요.

03. Being happy → is hard. 행복해지는 것은 → 힘들다
   ⇒ **Being** happy is hard. 행복해지기는 힘들어요.

04. Living in LA → is hard. LA에 사는 것은 → 힘들다
   ⇒ **Living** in LA is hard. LA에 살기는 힘들어요.

05. Going to college → is possible. 대학에 다니는 것은 → 가능하다
    ⇒ **Going** to college is possible. 대학에 다니는 것은 가능해요.

06. Studying history there → is possible.
    거기에서 역사를 공부하는 것은 → 가능하다
    ⇒ **Studying** history there is possible.
    거기에서 역사를 공부하는 것은 가능해요.

07. Seeing my girlfriend once a week → is easy.
    일주일에 한번 여자친구를 만나는 것은 → 쉽다
    ⇒ **Seeing** my girlfriend once a week is easy.
    일주일에 한 번 여자친구를 만나는 것은 쉬워요.

08. Teaching her Korean at a cafe on weekends → is easy.
    주말마다 카페에서 그녀에게 한국어를 가르치는 것은 → 쉽다
    ⇒ **Teaching** her Korean at a cafe on weekends is easy.
    주말마다 카페에서 그녀에게 한국어를 가르치는 것은 쉬워요.

09. Cooking Korean food for her → is nice.
    그녀를 위해 한국 음식을 요리하는 것은 → 좋다
    ⇒ **Cooking** Korean food for her is nice.
    그녀를 위해 한국 음식을 요리하는 것은 좋아요.

10. Making her laugh a lot → is nice.
    그녀를 많이 웃게 만드는 것은 → 좋다
    ⇒ **Making** her laugh a lot is nice. 그녀를 많이 웃게 만드는 것은 좋아요.

영어는 단어다

우연히 인터넷에서
어떤 저명한 언어학자가 쓴 글을 읽게 되었습니다.

With 2,500 to 3,000 words,
you can understand 90% of everyday English conversations,
English newspaper and magazine articles,
and English used in the workplace.

2,500에서 3,000 단어로
영어로 이뤄지는 일상대화,
신문과 잡지, 그리고 비즈니스에 쓰이는
모든 영어의 90%를 이해할 수 있다.

이 글을 접하고 나서 저는
한국의 영어학습자들을 위해
원어민이 자주 쓰는 단어의 쓰임을 공부할 수 있는 교재를
5년간에 걸쳐 개발했고
2021년에 〈영어는 단어다〉란 제목으로 출간했어요.

이 책은 단어를 중심으로
숙어, 동사구, 회화표현, 회화패턴 등
다양한 내용을 담고 있기 때문에
원어민들과 의사소통하는데 큰 도움을 받으실 거예요.
기회가 되시면 꼭 한 번 공부해 보시라 권해드립니다.

01. 지니가 되는 것은 불가능해요.

02. 21살이 되는 것은 불가능해요.

03. 행복해지기는 힘들어요.

04. LA에 살기는 힘들어요.

05. 대학에 다니는 것은 가능해요.

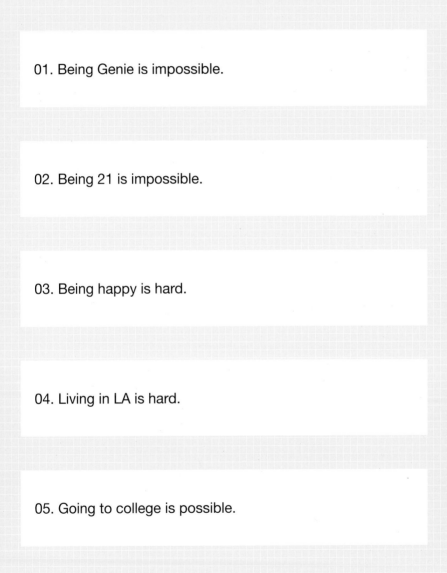

01. Being Genie is impossible.

02. Being 21 is impossible.

03. Being happy is hard.

04. Living in LA is hard.

05. Going to college is possible.

06. 거기에서 역사를 공부하는 것은 가능해요.

07. 일주일에 한 번 여자친구를 만나는 것은 쉬워요.

08. 주말마다 카페에서 그녀에게 한국어를 가르치는 것은 쉬워요.

09. 그녀를 위해 한국 음식을 요리하는 것은 좋아요.

10. 그녀를 많이 웃게 만드는 것은 좋아요.

06. Studying history there is possible.

07. Seeing my girlfriend once a week is easy.

08. Teaching her Korean at a cafe on weekends is easy.

09. Cooking Korean food for her is nice.

10. Making her laugh a lot is nice.

19

명사절

목적어가 항상 단어 단위로만 쓰이는 건 아니에요.
문장 단위도 목적어가 될 수 있습니다.

먼저 목적어로 단어가 쓰인 예를 알아볼게요.

I know → Genie. 나는 안다 → 지니를
* 동사 know의 대상 [목적어] : Genie

목적어로 문장이 오는 경우입니다.

I know + He is Genie. 나는 안다 + 그는 지니이다.

I know (that) he is Genie. 저는 그가 지니라는 것을 알아요.
* 동사 know의 대상 [목적어] : he is Genie

I know + He lives in LA. 나는 안다 + 그는 LA에 산다.

I know (that) he lives in LA. 저는 그가 LA에 사는 것을 알아요.
* 동사 know의 대상 [목적어] : he lives in LA

이처럼 목적어로 단어가 아니라 문장이 오는 경우에는 목적어로 쓰인 문장 앞에 that을 써 줍니다.

that은 기존 문장에 목적어 문장을 연결해 주는 **연결어[접속사]예요.** 이때 that은 해석이 되지 않고 심지어 생략도 가능한데, 말을 할 때는 대체로 생략합니다.

I know that he is Tony.
= I know he is Tony. [that 생략]

명사절 만들기

그럼 기본 문장을 명사절 that과 결합해서 활용한 예문을 공부해 볼까요?

01. I know + He is Genie. 나는 안다 + 그는 지니이다.
⇒ I know **(that)** he is Genie. 저는 그가 지니라는 걸 알아요.

02. I know + He is 21. 나는 안다 + 그는 21살이다.
⇒ I know **(that)** he is 21. 저는 그가 21살이라는 걸 알아요.

03. I know + He is happy. 나는 안다 + 그는 행복하다.
⇒ I know **(that)** he is happy. 저는 그가 행복하다는 걸 알아요.

04. I know + He lives in LA. 나는 안다 + 그는 LA에 산다.

⇒ I know **(that)** he lives in LA. 저는 그가 LA에 사는 걸 알아요.

05. I know + He goes to college. 나는 안다 + 그는 대학에 다닌다.

⇒ I know **(that)** he goes to college. 저는 그가 대학에 다니는 걸 알아요.

06. I know + He studies history there.

나는 안다 + 그는 거기에서 역사를 공부한다.

⇒ I know **(that)** he studies history there.

저는 그가 거기에서 역사를 공부하는 걸 알아요.

07. I know + He sees his girlfriend once a week.

나는 안다 + 그는 일주일에 한 번 여자친구를 만난다.

⇒ I know **(that)** he sees his girlfriend once a week.

저는 그가 일주일에 한 번 여자친구를 만나는 걸 알아요.

08. I know + He teaches her Korean at a cafe on weekends.

나는 안다 + 그는 주말마다 카페에서 그녀에게 한국어를 가르친다.

⇒ I know **(that)** he teaches her Korean at a cafe on weekends.

저는 그가 주말마다 카페에서 그녀에게 한국어를 가르치는 걸 알아요.

09. I know + He cooks Korean food for her.

나는 안다 + 그는 그녀를 위해 한국 음식을 요리한다.

⇒ I know **(that)** he cooks Korean food for her.

저는 그가 그녀를 위해 한국 음식을 요리하는 걸 알아요.

10. I know + He makes her laugh a lot.

   나는 안다 + 그는 그녀를 많이 웃게 만든다.

   ⇒ I know **(that)** he makes her laugh a lot.

   저는 그가 그녀를 많이 웃게 만드는 걸 알아요.

마치 캥거루 어미가 제 주머니에 새끼를 품듯이 문장이 또 다른 문장을 품고 있다고 이해하시면 됩니다.

문장 뜯어 보기

that

that은 문장과 문장을 이어주는 연결어(접속사) 역할을 합니다.

that은 또한 지시어로서 '그것, 그 사람' 또는 '그 ~'라는 뜻으로도 쓰여요. 연결어로 쓰인 that은 문장을 이끄는 역할을 하기 때문에 뒤에 문장이 오는 것으로 지시어의 쓰임과 구분할 수 있어요.

That's not true. 그것은 사실이 아니에요. [지시어 that - 그것]
That girl is my sister. 그 소녀는 제 누이에요. [지시어 that - 그 ~]

She said that the story was true. 그녀는 그 이야기가 맞다고 말했어요. [접속사 that]
I believe that he is right. 저는 그가 옳다고 믿어요. [접속사 that]

다음 우리말을
영어로 말해보세요.

01. 저는 그가 지니라는 걸 알아요.

02. 저는 그가 21살이라는 걸 알아요.

03. 저는 그가 행복하다는 걸 알아요.

04. 저는 그가 LA에 사는 걸 알아요.

05. 저는 그가 대학에 다니는 걸 알아요.

206

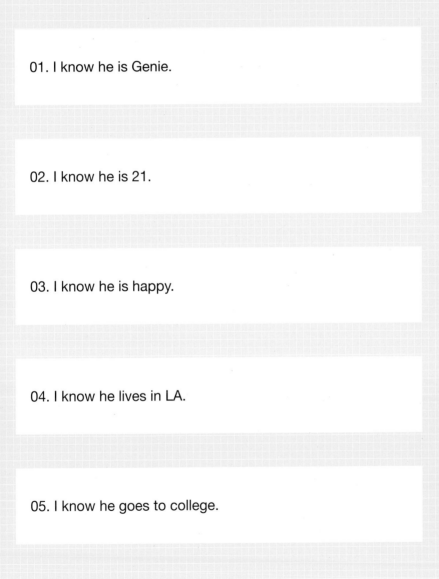

01. I know he is Genie.

02. I know he is 21.

03. I know he is happy.

04. I know he lives in LA.

05. I know he goes to college.

06. 저는 그가 거기에서 역사를 공부하는 걸 알아요.

07. 저는 그가 일주일에 한 번 여자친구를 만나는 걸 알아요.

08. 저는 그가 주말마다 카페에서 그녀에게 한국어를 가르치는 걸 알아요.

09. 저는 그가 그녀를 위해 한국 음식을 요리하는 걸 알아요.

10. 저는 그가 그녀를 많이 웃게 만드는 걸 알아요.

06. I know he studies history there.

07. I know he sees his girlfriend once a week.

08. I know he teaches her Korean at a cafe on weekends.

09. I know he cooks Korean food for her.

10. I know he makes her laugh a lot.

전체 문장
암기하기

영어를 배우는 것은 운동을 배우는 것과 비슷합니다.
탁구 책을 한 번 읽고 이해했다고 해서 바로 탁구를 잘 칠 수 있는 것은 아닙니다.
이해한 내용을 실전에 적용할 수 있도록 수많은 연습이 필요하죠.

영어도 마찬가지입니다.
이해한 내용을 실제로 활용하기 위해서는 먼저 모든 내용을 암기해야 합니다.
그리고 무수히 말해 보는 연습을 해야 합니다. 반드시 입으로 소리 내어 연습하세요.

지금까지 학습한 200개의 문장은 모두 하나의 스토리로 짜여져 있습니다.
10개의 기본 문장과 이를 토대로 조금씩 변형하여 190개의 변형 문장을 제시하였습니다.

3단계 학습은 200개의 문장을 한 문장당 3초 안에 말하는 훈련입니다. 주어진 우리말 10문장을 30초 안에 모두 영어로 말해 보세요. 〈30초 말하기〉 훈련을 통해서, 마치 네트를 넘어온 탁구공을 바로 받아치듯이 배운 문장이 여러분의 입에서 바로 튀어나올 수 있을 거예요.

이제 시작해 볼까요?

이번 단계에서 외울
20가지 유형의 문장입니다.

30초 말하기

영어로 자연스럽게 말하려면 마치 수영을 해서 근육을 키우듯이 '생각 근육'을 키워야 합니다. 이는 많은 노력과 연습으로만 가능해집니다. 〈30초 말하기〉 훈련을 최소 3회 이상 반복해서 모든 표현을 확실하게 여러분의 것으로 만드세요.

1. 기본문

01. 저는 지니에요.

02. 저는 21살이에요.

03. 저는 행복해요.

04. 저는 LA에 살아요.

05. 저는 대학에 다녀요.

06. 저는 거기에서 역사를 공부해요.

07. 저는 일주일에 한 번 여자친구를 만나요.

08. 저는 주말마다 카페에서 그녀에게 한국어를 가르쳐요.

09. 저는 그녀를 위해 한국 음식을 요리해요.

10. 저는 그녀를 많이 웃게 만들어요.

10개의 우리말 문장을 30초 안에 모두 영어로 말할 수 있을 때까지 연습하세요. 휴대폰의 스톱워치를 이용해서 시간을 정확히 체크하고 각 회마다 걸린 시간을 기록하세요. 매 회마다 틀린 문장을 체크박스에 표시한 후 다음 연습 때 참고하세요.

1회 [   ]초   2회 [   ]초   3회 [   ]초

1회 2회 3회

01. I am Genie. ○ ○ ○

02. I am 21. ○ ○ ○

03. I am happy. ○ ○ ○

04. I live in LA. ○ ○ ○

05. I go to college. ○ ○ ○

06. I study history there. ○ ○ ○

07. I see my girlfriend once a week. ○ ○ ○

08. I teach her Korean at a cafe on weekends. ○ ○ ○

09. I cook Korean food for her. ○ ○ ○

10. I make her laugh a lot. ○ ○ ○

30초 말하기

영어로 자연스럽게 말하려면 마치 수영을 해서 근육을 키우듯이 '생각 근육'을 키워야 합니다. 이는 많은 노력과 연습으로만 가능해집니다. 〈30초 말하기〉 훈련을 최소 3회 이상 반복해서 모든 표현을 확실하게 여러분의 것으로 만드세요.

2. 의문문

01. 당신은 지니인가요?

02. 당신은 21살인가요?

03. 당신은 행복한가요?

04. 당신은 LA에 사나요?

05. 당신은 대학에 다니나요?

06. 당신은 거기에서 역사를 공부하나요?

07. 당신은 일주일에 한 번 여자친구를 만나나요?

08. 당신은 주말마다 카페에서 그녀에게 한국어를 가르치나요?

09. 당신은 그녀를 위해 한국 음식을 요리하나요?

10. 당신은 그녀를 많이 웃게 만드나요?

10개의 우리말 문장을 30초 안에 모두 영어로 말할 수 있을 때까지 연습하세요. 휴대폰의 스톱워치를 이용해서 시간을 정확히 체크하고 각 회마다 걸린 시간을 기록하세요. 매 회마다 틀린 문장을 체크박스에 표시한 후 다음 연습 때 참고하세요.

1회 [   ]초   2회 [   ]초   3회 [   ]초

1회 2회 3회

01. Are you Genie?　　　　　　　　　　　　　　　○ ○ ○

02. Are you 21?　　　　　　　　　　　　　　　　○ ○ ○

03. Are you happy?　　　　　　　　　　　　　　　○ ○ ○

04. Do you live in LA?　　　　　　　　　　　　　　○ ○ ○

05. Do you go to college?　　　　　　　　　　　　○ ○ ○

06. Do you study history there?　　　　　　　　　○ ○ ○

07. Do you see your girlfriend once a week?　　　○ ○ ○

08. Do you teach her Korean at a cafe on weekends?　○ ○ ○

09. Do you cook Korean food for her?　　　　　　○ ○ ○

10. Do you make her laugh a lot?　　　　　　　　○ ○ ○

30초 말하기

영어로 자연스럽게 말하려면 마치 수영을 해서 근육을 키우듯이 '생각 근육'을 키워야 합니다. 이는 많은 노력과 연습으로만 가능해집니다. 〈30초 말하기〉 훈련을 최소 3회 이상 반복해서 모든 표현을 확실하게 여러분의 것으로 만드세요.

3. 부정문

01. 저는 지니가 아니에요.

02. 저는 21살이 아니에요.

03. 저는 행복하지 않아요.

04. 저는 LA에 살지 않아요.

05. 저는 대학에 다니지 않아요.

06. 저는 거기에서 역사를 공부하지 않아요.

07. 저는 일주일에 한 번 여자친구를 만나지 않아요.

08. 저는 주말마다 카페에서 그녀에게 한국어를 가르치지 않아요.

09. 저는 그녀를 위해 한국 음식을 요리하지 않아요.

10. 저는 그녀를 많이 웃게 만들지 않아요.

10개의 우리말 문장을 30초 안에 모두 영어로 말할 수 있을 때까지 연습하세요. 휴대폰의 스톱워치를 이용해서 시간을 정확히 체크하고 각 회마다 걸린 시간을 기록하세요. 매 회마다 틀린 문장을 체크박스에 표시한 후 다음 연습 때 참고하세요.

1회 [   ]초   2회 [   ]초   3회 [   ]초

1회 2회 3회

01. I'm not Genie.   ○ ○ ○

02. I'm not 21.   ○ ○ ○

03. I'm not happy.   ○ ○ ○

04. I don't live in LA.   ○ ○ ○

05. I don't go to college.   ○ ○ ○

06. I don't study history there.   ○ ○ ○

07. I don't see my girlfriend once a week.   ○ ○ ○

08. I don't teach her Korean at a cafe on weekends. ○ ○ ○

09. I don't cook Korean food for her.   ○ ○ ○

10. I don't make her laugh a lot.   ○ ○ ○

30초 말하기

영어로 자연스럽게 말하려면 마치 수영을 해서 근육을 키우듯이 '생각 근육'을 키워야 합니다. 이는 많은 노력과 연습으로만 가능해집니다. 〈30초 말하기〉 훈련을 최소 3회 이상 반복해서 모든 표현을 확실하게 여러분의 것으로 만드세요.

4. 3인칭 단수 기본문

01. 그는 지니예요.

02. 그는 21살이에요.

03. 그는 행복해요.

04. 그는 LA에 살아요.

05. 그는 대학에 다녀요.

06. 그는 거기에서 역사를 공부해요.

07. 그는 일주일에 한 번 여자친구를 만나요.

08. 그는 주말마다 카페에서 그녀에게 한국어를 가르쳐요.

09. 그는 그녀를 위해 한국 음식을 요리해요.

10. 그는 그녀를 많이 웃게 만들어요.

10개의 우리말 문장을 30초 안에 모두 영어로 말할 수 있을 때까지 연습하세요. 휴대폰의 스톱워치를 이용해서 시간을 정확히 체크하고 각 회마다 걸린 시간을 기록하세요. 매 회마다 틀린 문장을 체크박스에 표시한 후 다음 연습 때 참고하세요.

1회 [   ]초   2회 [   ]초   3회 [   ]초

1회 2회 3회

01. He is Genie.　　　　　　　　　　　　　　　　　○ ○ ○

02. He is 21.　　　　　　　　　　　　　　　　　○ ○ ○

03. He is happy.　　　　　　　　　　　　　　　　　○ ○ ○

04. He lives in LA.　　　　　　　　　　　　　　　　　○ ○ ○

05. He goes to college.　　　　　　　　　　　　　　　　　○ ○ ○

06. He studies history there.　　　　　　　　　　　　　　　　　○ ○ ○

07. He sees his girlfriend once a week.　　　　　　　　　　　　　　　　　○ ○ ○

08. He teaches her Korean at a cafe on weekends.　　　　　　　　　　　　　　　　　○ ○ ○

09. He cooks Korean food for her.　　　　　　　　　　　　　　　　　○ ○ ○

10. He makes her laugh a lot.　　　　　　　　　　　　　　　　　○ ○ ○

30초 말하기

영어로 자연스럽게 말하려면 마치 수영을 해서 근육을 키우듯이 '생각 근육'을 키워야 합니다.
이는 많은 노력과 연습으로만 가능해집니다. 〈30초 말하기〉 훈련을 최소 3회 이상 반복해서
모든 표현을 확실하게 여러분의 것으로 만드세요.

5. 3인칭 단수 의문문

01. 그는 지니인가요?

02. 그는 21살인가요?

03. 그는 행복한가요?

04. 그는 LA에 사나요?

05. 그는 대학에 다니나요?

06. 그는 거기에서 역사를 공부하나요?

07. 그는 일주일에 한 번 여자친구를 만나나요?

08. 그는 주말마다 카페에서 그녀에게 한국어를 가르치나요?

09. 그는 그녀를 위해 한국 음식을 요리하나요?

10. 그는 그녀를 많이 웃게 만드나요?

10개의 우리말 문장을 30초 안에 모두 영어로 말할 수 있을 때까지 연습하세요. 휴대폰의 스톱워치를 이용해서 시간을 정확히 체크하고 각 회마다 걸린 시간을 기록하세요. 매 회마다 틀린 문장을 체크박스에 표시한 후 다음 연습 때 참고하세요.

1회 [　　]초　　2회 [　　]초　　3회 [　　]초

1회 2회 3회

01. Is he Genie?　　　　　　　　　　　　　　○ ○ ○

02. Is he 21?　　　　　　　　　　　　　　　○ ○ ○

03. Is he happy?　　　　　　　　　　　　　○ ○ ○

04. Does he live in LA?　　　　　　　　　　○ ○ ○

05. Does he go to college?　　　　　　　　○ ○ ○

06. Does he study history there?　　　　　○ ○ ○

07. Does he see his girlfriend once a week?　○ ○ ○

08. Does he teach her Korean at a cafe on weekends?　○ ○ ○

09. Does he cook Korean food for her?　　○ ○ ○

10. Does he make her laugh a lot?　　　　○ ○ ○

30초 말하기

영어로 자연스럽게 말하려면 마치 수영을 해서 근육을 키우듯이 '생각 근육'을 키워야 합니다. 이는 많은 노력과 연습으로만 가능해집니다. 〈30초 말하기〉 훈련을 최소 3회 이상 반복해서 모든 표현을 확실하게 여러분의 것으로 만드세요.

6. 3인칭 단수 부정문

01. 그는 지니가 아니에요.

02. 그는 21살이 아니에요.

03. 그는 행복하지 않아요.

04. 그는 LA에 살지 않아요.

05. 그는 대학에 다니지 않아요.

06. 그는 거기에서 역사를 공부하지 않아요.

07. 그는 일주일에 한 번 여자친구를 만나지 않아요.

08. 그는 주말마다 카페에서 그녀에게 한국어를 가르치지 않아요.

09. 그는 그녀를 위해 한국 음식을 요리하지 않아요.

10. 그는 그녀를 많이 웃게 만들지 않아요.

10개의 우리말 문장을 30초 안에 모두 영어로 말할 수 있을 때까지 연습하세요. 휴대폰의 스톱워치를 이용해서 시간을 정확히 체크하고 각 회마다 걸린 시간을 기록하세요. 매 회마다 틀린 문장을 체크박스에 표시한 후 다음 연습 때 참고하세요.

1회 [   ]초   2회 [   ]초   3회 [   ]초

1회 2회 3회

01. He isn't Genie.   ○ ○ ○

02. He isn't 21.   ○ ○ ○

03. He isn't happy.   ○ ○ ○

04. He doesn't live in LA.   ○ ○ ○

05. He doesn't go to college.   ○ ○ ○

06. He doesn't study history there.   ○ ○ ○

07. He doesn't see his girlfriend once a week.   ○ ○ ○

08. He doesn't teach her Korean at a cafe on weekends.   ○ ○ ○

09. He doesn't cook Korean food for her.   ○ ○ ○

10. He doesn't make her laugh a lot.   ○ ○ ○

30초 말하기

영어로 자연스럽게 말하려면 마치 수영을 해서 근육을 키우듯이 '생각 근육'을 키워야 합니다. 이는 많은 노력과 연습으로만 가능해집니다. 〈30초 말하기〉 훈련을 최소 3회 이상 반복해서 모든 표현을 확실하게 여러분의 것으로 만드세요.

7. 과거 시제 기본문

01. 저는 지니였어요.

02. 저는 21살이었어요.

03. 저는 행복했어요.

04. 저는 LA에 살았어요.

05. 저는 대학에 다녔어요.

06. 저는 거기에서 역사를 공부했어요.

07. 저는 일주일에 한 번 여자친구를 만났어요.

08. 저는 주말마다 카페에서 그녀에게 한국어를 가르쳤어요.

09. 저는 그녀를 위해 한국 음식을 요리했어요.

10. 저는 그녀를 많이 웃게 만들었어요.

10개의 우리말 문장을 30초 안에 모두 영어로 말할 수 있을 때까지 연습하세요. 휴대폰의 스톱워치를 이용해서 시간을 정확히 체크하고 각 회마다 걸린 시간을 기록하세요. 매 회마다 틀린 문장을 체크박스에 표시한 후 다음 연습 때 참고하세요.

1회 [   ]초   2회 [   ]초   3회 [   ]초

1회 2회 3회

01. I was Genie. ○ ○ ○

02. I was 21. ○ ○ ○

03. I was happy. ○ ○ ○

04. I lived in LA. ○ ○ ○

05. I went to college. ○ ○ ○

06. I studied history there. ○ ○ ○

07. I saw my girlfriend once a week. ○ ○ ○

08. I taught her Korean at a cafe on weekends. ○ ○ ○

09. I cooked Korean food for her. ○ ○ ○

10. I made her laugh a lot. ○ ○ ○

30초 말하기

영어로 자연스럽게 말하려면 마치 수영을 해서 근육을 키우듯이 '생각 근육'을 키워야 합니다.
이는 많은 노력과 연습으로만 가능해집니다. 〈30초 말하기〉 훈련을 최소 3회 이상 반복해서
모든 표현을 확실하게 여러분의 것으로 만드세요.

8. 과거 시제 의문문

01. 당신은 지니였나요?

02. 당신은 21살이었나요?

03. 당신은 행복했나요?

04. 당신은 LA에 살았나요?

05. 당신은 대학에 다녔나요?

06. 당신은 거기에서 역사를 공부했나요?

07. 당신은 일주일에 한 번 여자친구를 만났나요?

08. 당신은 주말마다 카페에서 그녀에게 한국어를 가르쳤나요?

09. 당신은 그녀를 위해 한국 음식을 요리했나요?

10. 당신은 그녀를 많이 웃게 만들었나요?

10개의 우리말 문장을 30초 안에 모두 영어로 말할 수 있을 때까지 연습하세요. 휴대폰의 스톱워치를 이용해서 시간을 정확히 체크하고 각 회마다 걸린 시간을 기록하세요. 매 회마다 틀린 문장을 체크박스에 표시한 후 다음 연습 때 참고하세요.

1회 [   ]초   2회 [   ]초   3회 [   ]초

1회 2회 3회

01. Were you Genie? ○ ○ ○

02. Were you 21? ○ ○ ○

03. Were you happy? ○ ○ ○

04. Did you live in LA? ○ ○ ○

05. Did you go to college? ○ ○ ○

06. Did you study history there? ○ ○ ○

07. Did you see your girlfriend once a week? ○ ○ ○

08. Did you teach her Korean at a cafe on weekends? ○ ○ ○

09. Did you cook Korean food for her? ○ ○ ○

10. Did you make her laugh a lot? ○ ○ ○

30초 말하기

영어로 자연스럽게 말하려면 마치 수영을 해서 근육을 키우듯이 '생각 근육'을 키워야 합니다. 이는 많은 노력과 연습으로만 가능해집니다. 〈30초 말하기〉 훈련을 최소 3회 이상 반복해서 모든 표현을 확실하게 여러분의 것으로 만드세요.

9. 과거 시제 부정문

01. 저는 지니가 아니었어요.

02. 저는 21살이 아니었어요.

03. 저는 행복하지 않았어요.

04. 저는 LA에 살지 않았어요.

05. 저는 대학에 다니지 않았어요.

06. 저는 거기에서 역사를 공부하지 않았어요.

07. 저는 일주일에 한 번 여자친구를 만나지 않았어요.

08. 저는 주말마다 카페에서 그녀에게 한국어를 가르치지 않았어요.

09. 저는 그녀를 위해 한국 음식을 요리하지 않았어요.

10. 저는 그녀를 많이 웃게 만들지 않았어요.

10개의 우리말 문장을 30초 안에 모두 영어로 말할 수 있을 때까지 연습하세요. 휴대폰의 스톱워치를 이용해서 시간을 정확히 체크하고 각 회마다 걸린 시간을 기록하세요. 매 회마다 틀린 문장을 체크박스에 표시한 후 다음 연습 때 참고하세요.

1회 [   ]초   2회 [   ]초   3회 [   ]초

1회 2회 3회

01. I wasn't Genie.   ○ ○ ○

02. I wasn't 21.   ○ ○ ○

03. I wasn't happy.   ○ ○ ○

04. I didn't live in LA.   ○ ○ ○

05. I didn't go to college.   ○ ○ ○

06. I didn't study history there.   ○ ○ ○

07. I didn't see my girlfriend once a week.   ○ ○ ○

08. I didn't teach her Korean at a cafe on weekends.   ○ ○ ○

09. I didn't cook Korean food for her.   ○ ○ ○

10. I didn't make her laugh a lot.   ○ ○ ○

30초 말하기

영어로 자연스럽게 말하려면 마치 수영을 해서 근육을 키우듯이 '생각 근육'을 키워야 합니다. 이는 많은 노력과 연습으로만 가능해집니다. 〈30초 말하기〉 훈련을 최소 3회 이상 반복해서 모든 표현을 확실하게 여러분의 것으로 만드세요.

10. 3인칭 단수 과거 시제 기본문

01. 그는 지니였어요.

02. 그는 21살이었어요.

03. 그는 행복했어요.

04. 그는 LA에 살았어요.

05. 그는 대학에 다녔어요.

06. 그는 거기에서 역사를 공부했어요.

07. 그는 일주일에 한 번 여자친구를 만났어요.

08. 그는 주말마다 카페에서 그녀에게 한국어를 가르쳤어요.

09. 그는 그녀를 위해 한국 음식을 요리했어요.

10. 그는 그녀를 많이 웃게 만들었어요.

10개의 우리말 문장을 30초 안에 모두 영어로 말할 수 있을 때까지 연습하세요. 휴대폰의 스톱워치를 이용해서 시간을 정확히 체크하고 각 회마다 걸린 시간을 기록하세요. 매 회마다 틀린 문장을 체크박스에 표시한 후 다음 연습 때 참고하세요.

1회 [   ]초   2회 [   ]초   3회 [   ]초

1회 2회 3회

01. He was Genie.

○ ○ ○

02. He was 21.

○ ○ ○

03. He was happy.

○ ○ ○

04. He lived in LA.

○ ○ ○

05. He went to college.

○ ○ ○

06. He studied history there.

○ ○ ○

07. He saw his girlfriend once a week.

○ ○ ○

08. He taught her Korean at a cafe on weekends.

○ ○ ○

09. He cooked Korean food for her.

○ ○ ○

10. He made her laugh a lot.

○ ○ ○

30초 말하기

영어로 자연스럽게 말하려면 마치 수영을 해서 근육을 키우듯이 '생각 근육'을 키워야 합니다. 이는 많은 노력과 연습으로만 가능해집니다. 〈30초 말하기〉 훈련을 최소 3회 이상 반복해서 모든 표현을 확실하게 여러분의 것으로 만드세요.

11. 3인칭 단수 과거 시제 의문문

01. 그는 지니였나요?

02. 그는 21살이었나요?

03. 그는 행복했나요?

04. 그는 LA에 살았나요?

05. 그는 대학에 다녔나요?

06. 그는 거기에서 역사를 공부했나요?

07. 그는 일주일에 한 번 여자친구를 만났나요?

08. 그는 주말마다 카페에서 그녀에게 한국어를 가르쳤나요?

09. 그는 그녀를 위해 한국 음식을 요리했나요?

10. 그는 그녀를 많이 웃게 만들었나요?

10개의 우리말 문장을 30초 안에 모두 영어로 말할 수 있을 때까지 연습하세요. 휴대폰의 스톱워치를 이용해서 시간을 정확히 체크하고 각 회마다 걸린 시간을 기록하세요. 매 회마다 틀린 문장을 체크박스에 표시한 후 다음 연습 때 참고하세요.

1회 [   ]초   2회 [   ]초   3회 [   ]초

1회 2회 3회

01. Was he Genie?   ○ ○ ○

02. Was he 21?   ○ ○ ○

03. Was he happy?   ○ ○ ○

04. Did he live in LA?   ○ ○ ○

05. Did he go to college?   ○ ○ ○

06. Did he study history there?   ○ ○ ○

07. Did he see his girlfriend once a week?   ○ ○ ○

08. Did he teach her Korean at a cafe on weekends?   ○ ○ ○

09. Did he cook Korean food for her?   ○ ○ ○

10. Did he make her laugh a lot?   ○ ○ ○

30초 말하기

영어로 자연스럽게 말하려면 마치 수영을 해서 근육을 키우듯이 '생각 근육'을 키워야 합니다. 이는 많은 노력과 연습으로만 가능해집니다. 〈30초 말하기〉 훈련을 최소 3회 이상 반복해서 모든 표현을 확실하게 여러분의 것으로 만드세요.

12. 3인칭 단수 과거 시제 부정문

01. 그는 지니가 아니었어요.

02. 그는 21살이 아니었어요.

03. 그는 행복하지 않았어요.

04. 그는 LA에 살지 않았어요.

05. 그는 대학에 다니지 않았어요.

06. 그는 거기에서 역사를 공부하지 않았어요.

07. 그는 일주일에 한 번 여자친구를 만나지 않았어요.

08. 그는 주말마다 카페에서 그녀에게 한국어를 가르치지 않았어요.

09. 그는 그녀를 위해 한국 음식을 요리하지 않았어요.

10. 그는 그녀를 많이 웃게 만들지 않았어요.

10개의 우리말 문장을 30초 안에 모두 영어로 말할 수 있을 때까지 연습하세요. 휴대폰의 스톱워치를 이용해서 시간을 정확히 체크하고 각 회마다 걸린 시간을 기록하세요. 매 회마다 틀린 문장을 체크박스에 표시한 후 다음 연습 때 참고하세요.

1회 [   ]초   2회 [   ]초   3회 [   ]초

1회 2회 3회

01. He wasn't Genie.   ○ ○ ○

02. He wasn't 21.   ○ ○ ○

03. He wasn't happy.   ○ ○ ○

04. He didn't live in LA.   ○ ○ ○

05. He didn't go to college.   ○ ○ ○

06. He didn't study history there.   ○ ○ ○

07. He didn't see his girlfriend once a week.   ○ ○ ○

08. He didn't teach her Korean at a cafe on weekends.   ○ ○ ○

09. He didn't cook Korean food for her.   ○ ○ ○

10. He didn't make her laugh a lot.   ○ ○ ○

30초 말하기

영어로 자연스럽게 말하려면 마치 수영을 해서 근육을 키우듯이 '생각 근육'을 키워야 합니다.
이는 많은 노력과 연습으로만 가능해집니다. 〈30초 말하기〉 훈련을 최소 3회 이상 반복해서
모든 표현을 확실하게 여러분의 것으로 만드세요.

13. 의문사 의문문

01. 당신은 누구죠?

02. 당신은 몇 살인가요?

03. 당신은 왜 행복한가요?

04. 당신은 어디에 사나요?

05. 당신은 어느 대학에 다니나요?

06. 당신은 거기에서 무엇을 공부하나요?

07. 당신은 얼마나 자주 여자친구를 만나나요?

08. 당신은 언제 카페에서 그녀에게 한국어를 가르치나요?

09. 당신은 그녀를 위해 어떤 음식을 만드나요?

10. 당신은 누구를 많이 웃게 만드나요?

10개의 우리말 문장을 30초 안에 모두 영어로 말할 수 있을 때까지 연습하세요. 휴대폰의 스톱워치를 이용해서 시간을 정확히 체크하고 각 회마다 걸린 시간을 기록하세요. 매 회마다 틀린 문장을 체크박스에 표시한 후 다음 연습 때 참고하세요.

1회 [   ]초   2회 [   ]초   3회 [   ]초

1회 2회 3회

01. Who are you?   ○ ○ ○

02. How old are you?   ○ ○ ○

03. Why are you happy?   ○ ○ ○

04. Where do you live?   ○ ○ ○

05. Which college do you go to?   ○ ○ ○

06. What do you study there?   ○ ○ ○

07. How often do you see your girlfriend?   ○ ○ ○

08. When do you teach her Korean at a cafe?   ○ ○ ○

09. What food do you cook for her?   ○ ○ ○

10. Who do you make laugh a lot?   ○ ○ ○

30초 말하기

영어로 자연스럽게 말하려면 마치 수영을 해서 근육을 키우듯이 '생각 근육'을 키워야 합니다.
이는 많은 노력과 연습으로만 가능해집니다. 〈30초 말하기〉 훈련을 최소 3회 이상 반복해서
모든 표현을 확실하게 여러분의 것으로 만드세요.

14. 조동사 will

01. 저는 지니가 될 거예요.

02. 저는 21살이 될 거예요.

03. 저는 행복해질 거예요.

04. 저는 LA에 살 거예요.

05. 저는 대학에 다닐 거예요.

06. 저는 거기에서 역사를 공부할 거예요.

07. 저는 일주일에 한 번 여자친구를 만날 거예요.

08. 저는 주말마다 카페에서 그녀에게 한국어를 가르칠 거예요.

09. 저는 그녀를 위해 한국 음식을 요리할 거예요.

10. 저는 그녀를 많이 웃게 만들 거예요.

10개의 우리말 문장을 30초 안에 모두 영어로 말할 수 있을 때까지 연습하세요. 휴대폰의 스톱워치를 이용해서 시간을 정확히 체크하고 각 회마다 걸린 시간을 기록하세요. 매 회마다 틀린 문장을 체크박스에 표시한 후 다음 연습 때 참고하세요.

1회 [   ]초   2회 [   ]초   3회 [   ]초

1회 2회 3회

01. I will be Genie.   ○ ○ ○

02. I will be 21.   ○ ○ ○

03. I will be happy.   ○ ○ ○

04. I will live in LA.   ○ ○ ○

05. I will go to college.   ○ ○ ○

06. I will study history there.   ○ ○ ○

07. I will see my girlfriend once a week.   ○ ○ ○

08. I will teach her Korean at a cafe on weekends. ○ ○ ○

09. I will cook Korean food for her.   ○ ○ ○

10. I will make her laugh a lot.   ○ ○ ○

30초 말하기

영어로 자연스럽게 말하려면 마치 수영을 해서 근육을 키우듯이 '생각 근육'을 키워야 합니다.
이는 많은 노력과 연습으로만 가능해집니다. 〈30초 말하기〉 훈련을 최소 3회 이상 반복해서
모든 표현을 확실하게 여러분의 것으로 만드세요.

15. 조동사 must

01. 그는 지니가 틀림없어요.

02. 그는 21살이 틀림없어요.

03. 그는 행복한 게 틀림없어요.

04. 그는 LA에 사는 게 틀림없어요.

05. 그는 대학에 다니는 게 틀림없어요.

06. 그는 거기에서 역사를 공부하면 안 돼요.

07. 그는 일주일에 한 번 여자친구를 만나면 안 돼요.

08. 그는 주말마다 카페에서 그녀에게 한국어를 가르치면 안 돼요.

09. 그는 그녀를 위해 한국 음식을 요리하면 안 돼요.

10. 그는 그녀를 많이 웃게 만들면 안 돼요.

10개의 우리말 문장을 30초 안에 모두 영어로 말할 수 있을 때까지 연습하세요. 휴대폰의 스톱워치를 이용해서 시간을 정확히 체크하고 각 회마다 걸린 시간을 기록하세요. 매 회마다 틀린 문장을 체크박스에 표시한 후 다음 연습 때 참고하세요.

1회 [   ]초   2회 [   ]초   3회 [   ]초

1회 2회 3회

01. He must be Genie.   ○ ○ ○

02. He must be 21.   ○ ○ ○

03. He must be happy.   ○ ○ ○

04. He must live in LA.   ○ ○ ○

05. He must go to college.   ○ ○ ○

06. He must not study history there.   ○ ○ ○

07. He must not see his girlfriend once a week.   ○ ○ ○

08. He must not teach her Korean at a cafe on weekends.   ○ ○ ○

09. He must not cook Korean food for her.   ○ ○ ○

10. He must not make her laugh a lot.   ○ ○ ○

30초 말하기

영어로 자연스럽게 말하려면 마치 수영을 해서 근육을 키우듯이 '생각 근육'을 키워야 합니다. 이는 많은 노력과 연습으로만 가능해집니다. 〈30초 말하기〉 훈련을 최소 3회 이상 반복해서 모든 표현을 확실하게 여러분의 것으로 만드세요.

16. to부정사 (1)

01. 저는 지니가 되고 싶어요.

02. 저는 21살이 되고 싶어요.

03. 저는 행복해지고 싶어요.

04. 저는 LA에 살고 싶어요.

05. 저는 대학에 다니고 싶어요.

06. 저는 거기에서 역사를 공부하고 싶어요.

07. 저는 일주일에 한 번 여자친구를 만나고 싶어요.

08. 저는 주말마다 카페에서 그녀에게 한국어를 가르치고 싶어요.

09. 저는 그녀를 위해 한국 음식을 요리하고 싶어요.

10. 저는 그녀를 많이 웃게 만들고 싶어요.

10개의 우리말 문장을 30초 안에 모두 영어로 말할 수 있을 때까지 연습하세요. 휴대폰의 스톱워치를 이용해서 시간을 정확히 체크하고 각 회마다 걸린 시간을 기록하세요. 매 회마다 틀린 문장을 체크박스에 표시한 후 다음 연습 때 참고하세요.

1회 [   ]초   2회 [   ]초   3회 [   ]초

1회 2회 3회

01. I want to be Genie.   ○ ○ ○

02. I want to be 21.   ○ ○ ○

03. I want to be happy.   ○ ○ ○

04. I want to live in LA.   ○ ○ ○

05. I want to go to college.   ○ ○ ○

06. I want to study history there.   ○ ○ ○

07. I want to see my girlfriend once a week.   ○ ○ ○

08. I want to teach her Korean at a cafe on weekends.   ○ ○ ○

09. I want to cook Korean food for her.   ○ ○ ○

10. I want to make her laugh a lot.   ○ ○ ○

영어로 자연스럽게 말하려면 마치 수영을 해서 근육을 키우듯이 '생각 근육'을 키워야 합니다. 이는 많은 노력과 연습으로만 가능해집니다. 〈30초 말하기〉 훈련을 최소 3회 이상 반복해서 모든 표현을 확실하게 여러분의 것으로 만드세요.

17. to부정사 (2)

01. 저는 당신이 지니가 되기를 바라요.

02. 저는 당신이 21살이기를 바라요.

03. 저는 당신이 행복하기를 바라요.

04. 저는 당신이 LA에 살기를 바라요.

05. 저는 당신이 대학에 다니길 바라요.

06. 저는 당신이 거기에서 역사를 공부하기를 바라요.

07. 저는 당신이 일주일에 한 번 여자친구를 만나기를 바라요.

08. 저는 당신이 주말마다 카페에서 그녀에게 한국어를 가르치기를 바라요.

09. 저는 당신이 그녀를 위해 한국 음식을 요리하기를 바라요.

10. 저는 당신이 그녀를 많이 웃게 만들기를 바라요.

10개의 우리말 문장을 30초 안에 모두 영어로 말할 수 있을 때까지 연습하세요. 휴대폰의 스톱워치를 이용해서 시간을 정확히 체크하고 각 회마다 걸린 시간을 기록하세요. 매 회마다 틀린 문장을 체크박스에 표시한 후 다음 연습 때 참고하세요.

1회 [   ]초   2회 [   ]초   3회 [   ]초

1회 2회 3회

01. I want you to be Genie.   ○ ○ ○

02. I want you to be 21.   ○ ○ ○

03. I want you to be happy.   ○ ○ ○

04. I want you to live in LA.   ○ ○ ○

05. I want you to go to college.   ○ ○ ○

06. I want you to study history there.   ○ ○ ○

07. I want you to see your girlfriend once a week.   ○ ○ ○

08. I want you to teach her Korean at a cafe on weekends.   ○ ○ ○

09. I want you to cook Korean food for her.   ○ ○ ○

10. I want you to make her laugh a lot.   ○ ○ ○

30초 말하기

영어로 자연스럽게 말하려면 마치 수영을 해서 근육을 키우듯이 '생각 근육'을 키워야 합니다. 이는 많은 노력과 연습으로만 가능해집니다. 〈30초 말하기〉 훈련을 최소 3회 이상 반복해서 모든 표현을 확실하게 여러분의 것으로 만드세요.

18. to부정사 (3)

01. 지니가 되는 것은 불가능해요.

02. 21살이 되는 것은 불가능해요.

03. 행복해지기는 힘들어요.

04. LA에 살기는 힘들어요.

05. 대학에 다니는 것은 가능해요.

06. 거기에서 역사를 공부하는 것은 가능해요.

07. 일주일에 한 번 여자친구를 만나는 것은 쉬워요.

08. 주말마다 카페에서 그녀에게 한국어를 가르치는 것은 쉬워요.

09. 그녀를 위해 한국 음식을 요리하는 것은 좋아요.

10. 그녀를 많이 웃게 만드는 것은 좋아요.

10개의 우리말 문장을 30초 안에 모두 영어로 말할 수 있을 때까지 연습하세요. 휴대폰의 스톱워치를 이용해서 시간을 정확히 체크하고 각 회마다 걸린 시간을 기록하세요. 매 회마다 틀린 문장을 체크박스에 표시한 후 다음 연습 때 참고하세요.

1회 [   ]초   2회 [   ]초   3회 [   ]초

1회 2회 3회

01. It's impossible to be Genie. ○ ○ ○

02. It's impossible to be 21. ○ ○ ○

03. It's hard to be happy. ○ ○ ○

04. It's hard to live in LA. ○ ○ ○

05. It's possible to go to college. ○ ○ ○

06. It's possible to study history there. ○ ○ ○

07. It's easy to see my girlfriend once a week. ○ ○ ○

08. It's easy to teach her Korean at a cafe on weekends. ○ ○ ○

09. It's good to cook Korean food for her. ○ ○ ○

10. It's good to make her laugh a lot. ○ ○ ○

30초 말하기

영어로 자연스럽게 말하려면 마치 수영을 해서 근육을 키우듯이 '생각 근육'을 키워야 합니다. 이는 많은 노력과 연습으로만 가능해집니다. 〈30초 말하기〉 훈련을 최소 3회 이상 반복해서 모든 표현을 확실하게 여러분의 것으로 만드세요.

01. 지니가 되는 것은 불가능해요.

02. 21살이 되는 것은 불가능해요.

03. 행복해지기는 힘들어요.

04. LA에 살기는 힘들어요.

05. 대학에 다니는 것은 가능해요.

06. 거기에서 역사를 공부하는 것은 가능해요.

07. 일주일에 한 번 여자친구를 만나는 것은 쉬워요.

08. 주말마다 카페에서 그녀에게 한국어를 가르치는 것은 쉬워요.

09. 그녀를 위해 한국 음식을 요리하는 것은 좋아요.

10. 그녀를 많이 웃게 만드는 것은 좋아요.

10개의 우리말 문장을 30초 안에 모두 영어로 말할 수 있을 때까지 연습하세요. 휴대폰의 스톱워치를 이용해서 시간을 정확히 체크하고 각 회마다 걸린 시간을 기록하세요. 매 회마다 틀린 문장을 체크박스에 표시한 후 다음 연습 때 참고하세요.

1회 [   ]초   2회 [   ]초   3회 [   ]초

1회 2회 3회

01. Being Genie is impossible.   ○ ○ ○

02. Being 21 is impossible.   ○ ○ ○

03. Being happy is hard.   ○ ○ ○

04. Living in LA is hard.   ○ ○ ○

05. Going to college is possible.   ○ ○ ○

06. Studying history there is possible.   ○ ○ ○

07. Seeing my girlfriend once a week is easy.   ○ ○ ○

08. Teaching her Korean at a cafe on weekends is easy.   ○ ○ ○

09. Cooking Korean food for her is nice.   ○ ○ ○

10. Making her laugh a lot is nice.   ○ ○ ○

30초 말하기

영어로 자연스럽게 말하려면 마치 수영을 해서 근육을 키우듯이 '생각 근육'을 키워야 합니다. 이는 많은 노력과 연습으로만 가능해집니다. 〈30초 말하기〉 훈련을 최소 3회 이상 반복해서 모든 표현을 확실하게 여러분의 것으로 만드세요.

01. 저는 그가 지니라는 걸 알아요.

02. 저는 그가 21살이라는 걸 알아요.

03. 저는 그가 행복하다는 걸 알아요.

04. 저는 그가 LA에 사는 걸 알아요.

05. 저는 그가 대학에 다니는 걸 알아요.

06. 저는 그가 거기에서 역사를 공부하는 걸 알아요.

07. 저는 그가 일주일에 한 번 여자친구를 만나는 걸 알아요.

08. 저는 그가 주말마다 카페에서 그녀에게 한국어를 가르치는 걸 알아요.

09. 저는 그가 그녀를 위해 한국 음식을 요리하는 걸 알아요.

10. 저는 그가 그녀를 많이 웃게 만드는 걸 알아요.

10개의 우리말 문장을 30초 안에 모두 영어로 말할 수 있을 때까지 연습하세요. 휴대폰의 스톱워치를 이용해서 시간을 정확히 체크하고 각 회마다 걸린 시간을 기록하세요. 매 회마다 틀린 문장을 체크박스에 표시한 후 다음 연습 때 참고하세요.

1회 [   ]초   2회 [   ]초   3회 [   ]초

1회 2회 3회

01. I know he is Genie.   ○ ○ ○

02. I know he is 21.   ○ ○ ○

03. I know he is happy.   ○ ○ ○

04. I know he lives in LA.   ○ ○ ○

05. I know he goes to college.   ○ ○ ○

06. I know he studies history there.   ○ ○ ○

07. I know he sees his girlfriend once a week.   ○ ○ ○

08. I know he teaches her Korean at a cafe on weekends.   ○ ○ ○

09. I know he cooks Korean food for her.   ○ ○ ○

10. I know he makes her laugh a lot.   ○ ○ ○

10개 문장으로
끝내는
영어어순 원리

지은이	지니쌤
편집	장혜정
디자인	이윤정
삽화	박응식
제작	류제양
펴낸이	진혜정
펴낸곳	서울특별시 양천구 목동중앙본로 22길 61 2층 지니의 영어방송국
펴낸날	2022년 2월 7일 초판 제1쇄 발행
전화	010-3199-9496
이메일	englishcast@naver.com
홈페이지	https://www.joyclass.co.kr
등록번호	제1-68호
정가	15,000원
ISBN	979-11-964032-3-2

First Published
Copyright ⓒ 2022 by Jin Han